"(...) Um homem toma posse de si mesmo por meio de lampejos, e muitas vezes quando toma posse de si não se encontra nem se alcança. (...)"

A. Artaud, Carta para Jacques Rivière em 25 de maio de 1924

Coleção Lampejos
©n-1 edições 2021 / Hedra

Antropofagia zumbi
Suely Rolnik

©n-1 edições 2021

coordenação editorial   Peter Pál Pelbart e Ricardo Muniz Fernandes
assistentes editoriais   Inês Mendonça e Luan Freitas
revisão   Josy Panão
coedição   Jorge Salum e Felipe Musetti
direção de arte   Ricardo Muniz Fernandes
projeto da coleção/capa   Lucas Kröeff
ilustração   Waldomiro Mugrelise

ISBN   978-65-86941-63-0

Direitos reservados em língua
portuguesa somente para o Brasil

1ª edição | Outubro, 2021
n-1 edições
R. Fradique Coutinho, 1139
05416–011 São Paulo SP Brasil

Suely Rolnik
Antropofagia zumbi

Suely Rolnik
Antropofagia zumbi

O livro como imagem do mundo é de toda maneira uma ideia insípida. Na verdade não basta dizer Viva o múltiplo, grito de resto difícil de emitir. Nenhuma habilidade tipográfica, lexical ou mesmo sintática será suficiente para fazê-lo ouvir. É preciso fazer o múltiplo, não acrescentando sempre uma dimensão superior, mas, ao contrário, da maneira mais simples, com força de sobriedade, no nível das dimensões de que se dispõe, sempre n-1 (é somente assim que o uno faz parte do múltiplo, estando sempre subtraído dele). Subtrair o único da multiplicidade a ser constituída; escrever a n-1.

Gilles Deleuze e Félix Guattari

Nota preliminar

Este ensaio foi originalmente publicado em 2005, na revista Mouvement. L'indiscipline des Arts Visuels, nº 36-37 (Paris: Artishoc, sept-décembre, 2005), e na coletânea organizada por IVET, Curlin; NATASA, Ilic (Org). Collective Creativity dedicated to anonymous worker (Kassel: Kunsthalle Fridericianum, 2005). Desde então, saiu em várias outras revistas e coletâneas de ensaios em diversos idiomas e, posteriormente, sob a forma de livro, em Paris (Black Jack, 2012), Viena/Berlin (Turia + Kant, 2018) e Lisboa (Oca, Cadernos Ultramares, 2019).

É importante assinalar que, tendo sido escrito em 2005, o texto traz as marcas da época. Nestas quase duas décadas que nos separam de sua primeira publicação, houve transformações significativas no cenário mundial que se instala com a dobra financeirizada do capitalismo, notadamente em suas estratégias perversas na esfera micropolítica. Refiro-me à esfera do regime de inconsciente, responsável pela produção e reprodução dos modos de subjetivação e das formações no campo social que lhe dão corpo. É nesta esfera que um sistema político, seja ele qual for, ganha sua consistência existencial, sem a qual não se sustentaria. A gestão do regime de inconsciente próprio ao sistema colonial-racializante-capitalístico sofre reformulações significativas neste novo contexto.

Face às novas modalidades da perversão intrínseca a este regime de inconsciente, intensificam-se os movimentos de resistência que buscam confrontá-lo nesta esfera. Movimentos que agem micropoliticamente já vinham irrompendo há algum tempo, sendo inclusive mencionados no texto; mas desde então eles ganharam um fôlego, uma consistência e uma expansão inigualáveis. É o caso, especialmente, dos movimentos negros, indígenas, feministas e LGBTQIA+, bem como dos levantes que envolvem sociedades inteiras, como tem ocorrido em alguns países de nosso continente. A ativação da resistência na esfera micropolítica incide na relação de tais movimentos com aquilo que já vinha se fazendo na esfera macropolítica, na qual atuam tradicionalmente as esquerdas, o que traz novas perspectivas de pensamento e ação também neste âmbito.

O caráter sinistro do novo cenário, especialmente no Brasil, assim como as experimentações que vêm promovendo deslocamentos em sua paisagem subjetiva e sociocultural, exigiriam a revisão de algumas das ideias aqui apresentadas. Decidi, no entanto, mantê-las com os sinais do tempo em que foi escrito, fazendo tão somente pequenas alterações no texto, mas agregando algumas notas de rodapé, bastante extensas, nas quais atualizo certas ideias da perspectiva de nossa experiência no presente.

Antropofagia zumbi
Suely Rolnik

Cena 1. Os índios Caeté dançam ao redor de um caldeirão onde, sobre um fogo crepitante, cozinham o corpo despedaçado de Sardinha, o primeiro bispo da região já então batizada de Brasil, que aporta nestas terras meio século depois de terem sido surrupiadas pelos portugueses. Capturado no naufrágio do barco que o levava de volta a Portugal, o bispo tinha virado carne para o festim canibal, junto com os noventa membros da tripulação que o acompanhavam. A cena funda a resposta indígena à instauração da catequese no Brasil, empreendimento que visou estabelecer as bases subjetivas e culturais para a colonização do país[1].

Cena 2. Hans Staden, um aventureiro alemão[2], é capturado pelos índios Tupinambá. Eles o mantêm prisioneiro por um bom tempo, à espera do momento oportuno para matá-lo e devorá-lo num banquete ritualístico coletivo. Chegado este momento, os nativos decidem renunciar ao festim: sentem que falta àquela carne os sabores de um espírito ativo, o que lhes tira o desejo de devorá-la. Desta vez, o apetite antropofágico não será saciado. A narrativa desta aventura, contada pelo próprio Staden, funda a literatura de viagens do Brasil colonial.

Estas são as duas mais famosas imagens inaugurais acerca do banquete antropofágico praticado pelos povos originários desta terra, tendo como iguaria, nestes casos, os europeus que aqui aportavam para explorá-la. São fabulações em torno de fatos verídicos que se destacam no imaginário dos brasileiros como duas facetas de um dos mitos fundadores do país concernentes à política de relação dos nativos com o outro e sua cultura, particularmente com este outro abusador de suas vidas – a vida de seus corpos e de todos os elementos de que se compõem seus mundos.

Certamente, não é por acaso que o mito se componha de duas cenas distintas, onde se vê dois tipos de resposta dos indígenas ao "inimigo". A diferença entre elas nos dá uma chave para o critério de avaliação que os orienta na relação que estabelecem com seus outros. Segundo a lenda, tragar o bispo Sardinha e sua tripulação lhes permitiria apropriar-se da força do colonizador: a potência com a qual afirmava seu modo de existência, a vida que nele se expressava, potência que se revelava em sua vontade de catequese. Enquanto que não comer Hans Staden, os protegeria de sua covardia que teria por efeito enfraquecê-los. Àquele alemão faltava a coragem desta autoafirmação, o que se evidenciava em sua incapacidade de reconhecer o conflito e afrontá-lo. É provavelmente o desprezo pelo baixo grau de potência vital que o corpo daquele estrangeiro emanava o que teria levado os Tupinambá a rejeitá-lo como carne a ser devorada.

Na década de 1920, esse mito foi reativado pelas vanguardas modernistas da elite paulistana e assumiu um lugar proeminente no imaginário cultural, extrapolando a literalidade do ato de devorar praticado pelos índios. Com o nome de Movimento Antropofágico, a proposta modernista adotou a fórmula ética da relação com o outro e sua cultura, ritualizada através desta prática dos povos originários, e a transferiu à sociedade brasileira como um todo. Esta seria, segundo o ideário antropofágico, a política de subjetivação predominante no país, que seus autores nos propunham assumir como valor.

Quais são os elementos constitutivos dessa fórmula? O outro é para ser devorado ou abandonado. Não é qualquer outro que se devora. A escolha depende de avaliar o quanto a potência vital que anima seu corpo aumentaria a nossa própria potência. A regra consiste em afastar-se daqueles que a debilitem ou que, simplesmente, a mantenham no mesmo nível e aproximar-se daqueles que a fortaleçam. Quando a decisão é pela aproximação, há que se deixar afetar pelo outro o mais fisicamente possível. Trata-se de tragar o outro, para absorver no corpo suas potências singulares, de modo que partículas de sua admirada e desejada diferença sejam incorporadas à alquimia da alma, e assim se estimule seu refinamento e sua expansão, promovendo um devir outro de si mesmo.

O Movimento Antropofágico torna sensível a presença ativa desta fórmula num modo de produção cultural que, segundo sua visão, estaria se exercendo desde a fundação do país: a cultura brasileira teria nascido sob o signo da devoração crítica e irreverente de uma alteridade que foi desde sempre múltipla e variável. O conceito de antropofagia, tal como proposto pelo movimento, é uma resposta irreverente à necessidade não só de afrontar a presença impositiva das culturas colonizadoras, mas também de positivar o processo de hibridação dos diferentes povos que formaram o país em ondas sucessivas de imigração, eliminando qualquer espécie de julgamento de um valor supostamente intrínseco a suas respectivas culturas.

O critério de seleção para que uma cultura seja aprovada para o banquete antropofágico não é seu sistema de valores em si, nem seu lugar numa hierarquização imaginária que classificaria as distintas culturas, ficção que nos foi imposta como verdade pelos colonizadores, baseada na noção de raça, outra de suas nefastas invenções. Diferentemente disso, o que orienta a escolha é se o sistema em questão funciona ou não para aquele que o absorve, se tem ou não o poder de fortalecer suas potências particulares e se lhe proporciona ou não uma ampliação de seus universos.

Isto jamais vale para um sistema cultural em sua totalidade, mas apenas para alguns de seus fragmentos que podem ser articulados, de maneira totalmente inescrupulosa, com fragmentos de outros sistemas que tenham sido previamente devorados. A prova para estabelecer se os fragmentos de uma cultura funcionam de modo positivo é avaliar se produzem alegria. "A alegria é a prova dos nove", como afirma duas vezes o Manifesto da Poesia Pau Brasil[3], a prova de uma palpitante vitalidade.

Abordadas dessa perspectiva, as culturas perdem qualquer conotação identitária (totalidade estável e fechada sobre si mesma) e, junto com isso, dissolve-se a ideia de que estas ocupariam posições fixas na tal hierarquia imaginária que se estabelecera entre elas. A desconsideração de uma suposta identidade e de seu suposto lugar avaliado como superior ou inferior não vale menos para a cultura dos próprios colonizadores do que para a dos colonizados ou de qualquer outro povo, que tenha sido objeto desta classificação tóxica.

Como afirma o antropólogo brasileiro Darcy Ribeiro: "A colonização no Brasil se fez como esforço persistente de implantar aqui uma europeidade adaptada nesses trópicos e encarnada nessas mestiçagens. Mas esbarrou, sempre, com a resistência birrenta da natureza e com os caprichos da história, que nos fez a nós mesmos, apesar daqueles desígnios, tal qual somos, tão opostos a branquitudes e civilidades, tão interiorizadamente deseuropeus como desíndios e desafros[4].

Não poderiam estas mesmas palavras aplicar-se a uma descrição da subjetividade contemporânea produzida na dobra financeirizada do capitalismo, na qual o regime conquistou um império trasnacional? Dobra e sua respectiva política de subjetivação que se instalaram, a partir de meados dos anos 1970, na Europa e Estados Unidos, e, de meados dos anos 1980 até o final da década, nos países sob regimes totalitários, como é o caso do Brasil e de muitos de seus vizinhos no continente[5].

A subjetividade produzida neste novo contexto caracteriza-se igualmente pela hibridação de mundos, a suposta dissolução de toda hierarquia no mapa mundial de grupos humanos e suas culturas e de qualquer ilusão de estabilidade ou de identidade – e tudo isso temperado com fartas doses de flexibilidade, irreverência e liberdade de experimentação. No entanto, neste caso, estas características têm por finalidade refinar a perversão do regime, tirando proveito destas potências subjetivas para ampliar a instrumentalização da vida (não só dos humanos) a serviço da acumulação de capital. O que é muito distinto do que move o modo de subjetivação defendido pelo movimento antropofágico como aquilo que definiria os brasileiros. Se estes modos são semelhantes em sua forma, o tipo de força que os comanda não é o mesmo, assim como não o são seus efeitos na vida individual e coletiva.

Isso nos mostra que a hibridação, a flexibilidade, a irreverência e a liberdade de experimentação por si mesmas não asseguram, de modo algum, a vitalidade de uma sociedade. É que elas podem ser vividas segundo diferentes micropolíticas, das mais ativas às mais reativas: da mais potente incorporação da presença viva do outro na transfiguração de si e do mundo até seu mais perverso abuso.

Se a antropofagia é, de fato, uma marca do modo de produção da subjetividade e da cultura no Brasil, como pensavam os modernistas de 1922, há poucas razões para alegrar-se. Embora haja uma variedade de posições entre estes dois polos extremos da micropolítica antropofágica no Brasil, a balança tende frequentemente para o polo reativo, o que cria um terreno fértil para a incorporação acrítica da política de produção da subjetividade introduzida pelo capitalismo contemporâneo.

Diante disso, algumas perguntas se colocam. Uma retomada do ideário do movimento antropofágico que a questionasse, apontando seus pontos cegos e suas possibilidades de atualizações ativas e reativas, poderia contribuir para problematizar o modo de subjetivação, próprio da dobra financeirizada do capitalismo? Mais especificamente: poderia esta retomada contribuir para problematizar o lugar do outro nesta nova figura dominante da subjetividade e nas formações no campo social que dela resultam? Poderia o *know how* antropofágico, assim revisado, contribuir para confrontar esta figura e a política de relação com o outro que lhe é intrínseca, por meio de experimentações que nos deslocassem de seu domínio? Em suma, poderia este *know how* contribuir para nos "curar" desta política de desejo que o leva a entregar-se gozosamente à apropriação de nossas vidas?

Para responder estas perguntas serão previamente necessárias duas digressões acerca da dinâmica constitutiva da subjetividade. A primeira abordará a tensão resultante da fricção entre duas potências díspares de apreensão do outro, constitutivas do sujeito humano e o estatuto central deste tensionamento nos processos de subjetivação. E a segunda consistirá numa genealogia da política de subjetivação dominante no presente.

Digressão preliminar 1
A força motriz dos
processos de subjetivação

Relacionar-se com o outro implica o exercício de duas potências distintas do sujeito que lhe dão acesso, respectivamente, a duas faces dos corpos vivos, não só humanos. De um lado, a forma de expressão da força vital de um corpo nas condições da linguagem do mundo ao qual pertence e, de outro, sua força vital nas condições de um ecossistema, não só ambiental, mas também social e mental, no qual encontra-se inserido. Apreender o outro como forma convoca a percepção; já apreendê-lo como força convoca o afeto: o impacto, na potência pulsional de um corpo, de seu encontro com as forças que compõem o outro.

A percepção do outro nos traz sua existência formal: um modo de expressão sobre a qual projetamos um sentido, a partir de sua associação com representações, sejam elas palavras, imagens, etc., que compõem a cartografia sociocultural que compartilhamos com este outro. Já o afeto traz para nossa subjetividade-corpo a presença viva do outro. É por este afeto de vitalidade que avaliamos se o outro em questão produz um efeito de intensificação ou de enfraquecimento das forças vitais específicas que nos compõem. O efeito desta presença viva em nós não tem linguagem que o expresse; teremos que criá-la em um processo cujo resultado é sua performatização numa obra de arte, num modo de existir, sentir ou pensar, numa forma de sociabilidade, de sexualidade, etc.

Essas duas vias de apreensão do outro são irredutivelmente distintas, tanto em sua lógica como em sua temporalidade e, no entanto, são potencialmente indissociáveis. Elas interferem continuamente uma na outra, numa relação cuja natureza é topológica. A tensão desta interferência mútua entre vivências díspares é constitutiva da condição humana, fonte de sua dinâmica e força motriz por excelência dos processos de subjetivação e das formações no campo social. Em outras palavras, tal tensão é o deflagrador dos processos inesgotáveis de criação e recriação de si e do mundo.

Se esta é a força deflagradora é porque, neste tensionamento, as formas correntes da realidade acabam sendo postas em xeque, à medida que estas se tornam um obstáculo para integrar um novo bloco-de-afetos que emergiu das novas conexões do desejo. Com isso, tais formas deixam de ser condutoras do processo, esvaziam-se de vitalidade, perdem sentido. Instaura-se, então, na subjetividade uma crise que pressiona, causa assombro, dá vertigem. Uma espécie de sinal de alerta acionado pela vida quando esta se depara com um perigo de asfixia.

É para responder a essa incômoda pressão que a vida, em sua potência de regeneração (que implica criação e ação), é mobilizada na subjetividade. O assombro força a expressar o novo bloco-de-afetos numa nova configuração da existência, uma nova figuração de si, do mundo e das relações entre ambos. É para isso que se mobiliza a potência de criação: o afeto artístico. O mesmo assombro força, igualmente, a agir para que essa nova configuração se afirme na existência e se inscreva no mapa social estabelecido, sem o que o processo não vinga. É para isso que se mobiliza a potência de ação: o afeto político, não só em sua vertente macro, de oposição à distribuição do poder e dos pontos de opressão que esta envolve na cartografia social em curso, mas também em sua vertente micro, de construção de outras cartografias, em cujas paisagens a vida volte a respirar, sendo estas vertentes inseparáveis.

A culminação deste processo é a passagem da condição de afeto (o real, o virtual), para a condição da cartografia sociopolítica e cultural (a realidade, o atual). É esta passagem que podemos chamar de "acontecimento", o qual consiste na criação de um mundo. É o acontecimento que faz do mundo, por princípio, um mundo-em-obra.

Na relação com o outro como forma de expressão da força vital, o sujeito se orienta no espaço de sua atualidade empírica, estruturada segundo uma forma de linguagem e os códigos sociais nela implicados, podendo assim situar o outro e a si mesmo na cartografia sociocultural que ambos compartilham.

Já na relação com o outro como força, o sujeito se orienta no diagrama de afetos – efeitos da presença viva do outro que passa a compor o corpo e o transforma –, podendo assim situar-se como vivente entre os demais viventes (não só humanos) que compõem o ecossistema em que se encontram inseridos. E, por fim, na relação com a tensão da disparidade que caracteriza a ligação inextricável entre estas duas potências do sujeito, este se orienta na temporalidade de seu movimento pulsional e se define enquanto acontecimento, devir-outro. Este processo faz com que todo e qualquer sujeito seja uma configuração efêmera em equilíbrio instável.

Em outras palavras, modos de subjetivação são plásticos, transformam-se em função de novos diagramas de forças e da perda de sentido das cartografias existenciais em curso. É por meio de um determinado modo de subjetivação que um regime sociocultural, seja ele qual for, toma corpo; ou seja, a cada regime corresponde uma política específica de produção de subjetividade. O que determina esta especificidade é, entre outros fatores, o lugar que ocupam as duas vias de apreensão do outro, a dinâmica da relação entre elas e o estatuto da fricção topológica que lhe é intrínseca.

Como podem tais considerações serem usadas para problematizar a política de subjetivação que se instaura com a dobra financeirizada do capitalismo? E quais são as ressonâncias entre este novo tipo de subjetividade e aquele que recebeu o nome de "antropofágico" pelo movimento modernista? De que modo, tais ressonâncias e também suas diferenças, poderiam nos ajudar nesta problematização?

Digressão preliminar 2
O colapso do sujeito moderno

Responder a estas perguntas implica em voltar aos anos 1950, no período que se seguiu à segunda guerra mundial, quando a longa falência do assim chamado "sujeito moderno" – um processo de declínio que começa no final do século XIX – alcança seu ápice, provocando uma importante crise social, cultural e política.

O sujeito moderno, que se forma a partir do final do século XVII, corresponde à figura do "indivíduo" com sua crença na possibilidade de controlar a si mesmo e a natureza (que ele projeta para fora de si, como se dela não fizesse parte), por meio da vontade e da razão, sob comando do ego. De que política de subjetivação e, mais especificamente, de abordagem do mundo, depende este modelo em crise?

Sustentar a ilusão de controle das turbulências inerentes à vida depende, por um lado, de uma obstrução do acesso à capacidade vibrátil do corpo com a qual o espírito decifra e avalia as forças que agitam sua alteridade em função de seus efeitos para a vida e, por outro, de uma hipertrofia de sua capacidade racional, instrumental e funcional, com a qual a subjetividade avalia e decifra as formas de expressão de um mundo em função dos códigos que lhe são próprios, códigos que estrutura sua racionalidade. A experiência do sujeito tende, então, a restringir-se aos limites de seu atual território e sua respectiva cartografia, os quais ele naturaliza, assim como naturaliza sua autoimagem, gerada em sua identificação com o lugar que lhe é destinado neste contexto sociocultural.

Nesta dinâmica, há uma denegação da experiência essencial da tensão topológica entre, de um lado, os modos de expressão atuais e, de outro, os novos blocos-de-afetos que passam a compor o corpo. A causa dos sentimentos de falta de sentido e da estranheza que este processo provoca torna-se inacessível, permanecendo sob recalcamento. Decorre disso que o movimento pulsional, acionado para que com ele o desejo aja em resposta a estes sentimentos, dissocia-se dos afetos, estes signos das forças que pedem decifração e invenção de algo que os torne sensíveis; e é sob o comando dessa dissociação que agirá o desejo. A pulsão perde assim sua potência de transfiguração da cartografia reinante, potência que constitui sua essência.

Isso dá lugar a um sentimento de si espacializado, separado do mundo e da temporalidade, um si mesmo que se vê como totalizado e estável – daí a ideia de "indivíduo", com seu contorno essencializado e sua suposta interioridade, governada pelo princípio de identidade. É um sujeito cuja relação viva com o outro é anestesiada, sendo esta anestesia um elemento essencial da política de subjetivação própria do assim chamado "sujeito moderno".

É precisamente esta a figura da subjetividade que começa a entrar em declínio no final do século XIX, processo que atingirá seu ápice no século XX, após a segunda guerra mundial. As causas do colapso deste modelo foram amplamente estudadas e não caberia abordá-las aqui. Um aspecto, no entanto, vale a pena sublinhar para nosso propósito: na nova paisagem que se esboça a partir do final do século XIX em diante, a subjetividade é crescentemente exposta a uma diversidade de mundos muito maior e mais velozmente cambiante do que havia conhecido até então e que excede tudo aquilo para o qual ela estava psíquica e cognitivamente equipada.

A crise atinge um tal grau que passa a ser impossível manter-se congelado em identidades fixas, pois os efeitos dos novos diagramas de forças que se integram, incessantemente, ao corpo já não podem ser contidos em seu estado de recalque, sem que se tenha acesso a eles, tal como o haviam sido nas políticas de subjetivação modernas. É preciso inventar novas formas de administrar esta fricção, por meio de novas políticas do desejo que respondam a esta urgência. Surgem então movimentos de resistência nesta esfera que promovem linhas de fuga do modo de subjetivação dominante.

Feitas estas duas digressões preliminares, agora dispomos de elementos para buscar vias de resposta para as questões concernentes à política de subjetivação própria ao assim chamando "neoliberalismo" e suas sintonias e dessintonias em relação à política de subjetivação antropofágica, tal como descrita pelos modernistas que, segundo eles, marcaria nossa cultura.

Nasce uma subjetividade flexível

Uma nova política do desejo começa a tomar corpo nos anos 1950. Proponho chamar a figura que então se esboça de "subjetividade flexível", inspirada na noção de "personalidade flexível", proposta por Brian Holmes[6], que problematizarei aqui no sentido de sua psicodinâmica – especialmente o lugar que ocupam no processo de individuação suas duas vias de apreensão da alteridade e a tensão resultante da disparidade entre elas.

A nova figura, na verdade, começa a manifestar-se bem antes, nas vanguardas artísticas e intelectuais, entre o final do século XIX e a segunda guerra mundial. A política de desejo que se introduz naquele momento, e que aparece nestas vanguardas, é uma resposta à urgência de deslocar-se do modo europeu e burguês de subjetivação, o tal sujeito moderno. No entanto, estas vanguardas são portadoras de uma utopia cujo modelo é o outro do europeu, idealizado por elas como o avesso de seu próprio espelho. Refletem-se neste espelho, com valor invertido, as imagens racializadas que, desde o século XVI, os europeus projetaram sobre os povos que eles colonizaram.

Como as vanguardas europeias do mesmo período, os modernistas brasileiros, reunidos no Movimento Antropofágico, criticavam as políticas dominantes de desejo e de criação cultural, especialmente em sua versão mimética nos trópicos. Com humor cáustico, eles tinham como alvo os intelectuais acadêmicos, os tais "chato-boys"[7] que se dobravam de maneira patética a uma certa tradição acadêmica da cultura europeia, cujo caráter obsoleto revelava-se diante da ousadia de criação das vanguardas culturais que vinham abalando seus alicerces. Com arrogantes poses, os chato-boys colocavam-se na cena intelectual local como aqueles que teriam sido admitidos como figurantes na corte dos que conhecem a verdade. Ora, a verdade, segundo uma das mais famosas frases do Manifesto

Antropófago, nada mais é do que "mentira muitas vezes repetida"[8].

Porém, diferentemente das vanguardas europeias, enquanto estas fantasiavam seu outro o projetando nas culturas não europeias, a vanguarda brasileira modernista tendia a atribuir-se a si mesma o lugar deste outro idealizado. Diante disso, podemos sugerir que se, por um lado, o movimento antropofágico parece ter contribuído para a desfetichização da cultura europeia, especialmente em sua versão tropical, por outro lado, sua identificação acrítica com o ideário de suas vanguardas, levou a uma fetichização da imagem fantasiada do "brasileiro".

Mesmo que este termo tenha sido repaginado pelos modernistas de 1922, que lhe destituíram de seu sentido identitário, o qual substituíram pela ideia de que a suposta brasilidade resultaria de contínuos processos de hibridação, sua fetichização nos mantém no lugar marcado pela colonialidade, só invertendo seu valor surfando na onda das vanguardas europeias, o que é uma característica das elites de nosso continente, que o próprio movimento antropofágico contestava jocosamente[9].

Mais do que isso, tal fetichização contribui para manter obstruído o acesso ao outro em sua presença viva em nossos corpos, de que depende o potencial transfigurador de uma relação efetiva com a alteridade. E, no entanto, é precisamente este potencial que o ideário antropofágico aponta como aquilo que diferenciaria o modo de subjetivação próprio a nosso país e lhe daria o poder de introduzir um deslocamento da política de produção da subjetividade que sustenta existencialmente o regime colonial-capitalista.

Se algo no país apontaria de fato para esta direção, seria preciso sublinhar seu caráter potencial, pois este está longe de se materializar, num país em que o lugar do outro tende a ser marcado identitariamente, com base na noção de raça que se encontra aqui mais naturalizada do que em qualquer outro lugar do planeta, a ponto de nos permitir alucinar sua inexistência. Refiro-me ao suposto "homem cordial" da suposta "democracia racial", que nos faz ignorar a inequidade de direitos intrínseca ao capitalismo que tem nestas terras colonizadas uma de suas versões mais cruéis, inequidade que ganha consistência existencial precisamente graças a este modo de subjetivação blindado ao outro. Infelizmente, o negacionismo dos panos quentes, versão "cordial" desta blindagem, está muito mais presente do que gostaríamos.

A subjetividade flexível alça voo

A partir dos anos 1950, a subjetividade flexível transborda a vanguarda cultural e se expande, mais amplamente, ao longo dos anos 1960 e 1970, tomando vulto na geração que despontava na época. Um movimento de desidentificação maciça com o modelo dominante de sociedade desencadeia-se por toda parte, principalmente entre os jovens das classes médias, embora as barreiras de classe tendessem a ser abolidas nestas experimentações sociais. Cenários muito diversos foram sendo criados neste movimento, nas diferentes regiões do mundo, principalmente no Ocidente, os quais foram agrupados sob o nome geral de Contracultura.

O traço comum a todos eles é que as forças de desejo, de criação e de ação, intensamente mobilizadas pela crise, são investidas numa ousada experimentação existencial, em ruptura radical com o establishment. A subjetividade flexível passa a ser adotada como política de desejo por uma parte significativa desta geração, num movimento de êxodo dos modos de vida vigentes, no qual foram sendo traçadas novas cartografias. Um processo que se faz possível pela sustentação que encontra em sua expansão coletiva local e internacional.

No Brasil, naquele momento sob ditadura militar, paralelamente à resistência macropolítica, irrompe um movimento de resistência na esfera micropolítica, versão local deste intenso processo de experimentação cultural e existencial que, então, acontecia em várias partes do mundo. Neste contexto, há um renascimento do ideário antropofágico em alguns dos movimentos artísticos mais significativos do período[10]. Entre eles, especialmente, o Tropicalismo, que foi uma das expressões mais precisas da singularidade e da radicalidade das experimentações que marcaram este movimento no país.

Embora se possa inserir o Tropicalismo na Contracultura, sua produção se distingue de algumas de suas vertentes, por exemplo, de um dos aspectos do movimento Hippie, referente à reivindicação de uma suposta essência do homem e da natureza a ser reencontrada, que seus comparsas do norte cultuavam como fetiche. Ao contrário disso, atualizando o ideário do movimento antropofágico, os Tropicalistas defendiam um processo contínuo de hibridação e fusão.

Em suas obras, incorporam-se as conquistas da tecnologia e da cultura de massa, assim como elementos do amplo espectro de universos culturais de que se constitui o país, sem qualquer barreira da tal hierarquia fictícia. Em outras palavras, agregam-se a este processo linguagens que, da perspectiva do que estaria no topo de dita hierarquia, seriam qualificados de cafonas, provincianas ou antiquadas. São igualmente absorvidos elementos variados da cena cultural internacional – cada vez mais presentes no país, dada a então nascente globalização midiática –, sem preconceitos de caráter nacionalista ou ideológico, movidos ao contrário por uma irreverência crítica perante qualquer atitude de fascinação servil.

Mas, em que consiste a nova política de subjetivação introduzida, por toda parte, por este movimento?

Antes de mais nada, ela se caracteriza por uma ativação da capacidade de decifrar os efeitos das forças ambientes no corpo e de estar à escuta do sinal de alerta, acionado a cada vez que a dissonância entre tais efeitos e as formas de expressão vigentes ultrapassa o limite de tolerabilidade. O indicador deste limite é a própria vida, quando esta se vê ameaçada em sua processualidade, impedida assim de perseverar.

Considerar este indicador como o sinal de alerta pulsional implica que a subjetividade se desapegue dos territórios aos quais está habituada, conquistando a liberdade de circular por diferentes tipos de mundo e seus diferentes repertórios, fazer outros agenciamentos e, com eles, estabelecer outros territórios com suas respectivas cartografias. O que se produz nesta experimentação é um tipo de subjetividade que incorpora a tensão da disparidade que a constitui como temporalidade; ou seja, trata-se de uma subjetividade que se cria e recria em processos de singularização, a partir de seu atravessamento pelo outro. A unidade individual moderna é substituída pela multiplicidade e o devir. É esta a política que caracteriza a subjetividade flexível que entra em cena mais amplamente nos anos 1960 e início dos 1970.

Ora, as características deste novo modo de subjetivação não correspondem precisamente ao que definimos como modo antropofágico? Certamente não é por acaso que o Movimento Antropofágico volta à tona exatamente naquele período, passando a ocupar um lugar proeminente na cena cultural brasileira desde então.

Reality show global

O radical deslocamento na política do desejo vivido naqueles anos gerou uma severa crise social e cultural; a ameaça que isto representava para o sistema econômico e político vigente, levou as forças no poder a produzir novas estratégias para restabelecer-se e recuperar o controle. O caudaloso manancial de força de trabalho de criação "livre" mobilizada pela desterritorialização da lógica identitária será instrumentalizado pelo capital. Este irá tirar partido da proliferação social da própria subjetividade flexível, não só nas características de sua dinâmica (hibridação, irreverência, liberdade de experimentação, etc.), mas também nos modos de existência que ela inventa nas duas décadas anteriores. Como nas artes marciais do Extremo Oriente, em que não se ataca a força do inimigo, mas dela utiliza-se contra ele, as invenções dos anos 1960 e 1970 iriam servir de fórmula para a nova dobra do regime colonial-capitalista. Tal fórmula lhe permitirá adaptar ao novo contexto a gestão da fábrica de produção de subjetividade (o regime de inconsciente que lhe é próprio), mas mantendo o princípio que a orientou desde sua fundação: a obstrução do acesso do sujeito aos efeitos da presença viva do outro em seu corpo.

Naquele período, o capitalismo financeirizado transnacional adquiriu sua plena expressão, tornando-se aquilo que foi qualificado por alguns pensadores como "capitalismo cognitivo", "cultural" ou "cultural-informacional"[11] – nome que assinala que a principal força de trabalho da qual se irá extrair mais-valia deixa de ser prioritariamente a força mecânica do proletariado, para ser substituída pela força de conhecimento e invenção própria de uma nova classe produtora que os mesmos autores chamam de "cognitariado"[12]. Mas como se dá esta cafetinagem da força de invenção?

Uma ideia de Maurizio Lazzarato[13] poderia nos ajudar a responder esta pergunta. O autor assinala uma importante diferença entre o capitalismo industrial e o capitalismo de empresa que então se instala por todo o planeta. No lugar da produção de objetos da fábrica fordista, o que o novo regime produz fundamentalmente são mundos-imagem, fabricados pela publicidade e a cultura de massa e veiculados pela mídia, os quais preparam o terreno cultural, subjetivo e social para a acumulação de capital. Desdobrarei esta ideia de Lazzarato do ponto de vista da política de desejo que permeia esta nova situação.

Em meados dos anos 1970, na Europa e nos Estados Unidos, e mais para o final da década seguinte, nas demais regiões, as subjetividades encontram-se expostas a uma desterritorialização ainda mais intensificada, trazida principalmente pelo poderoso desenvolvimento das tecnologias de comunicação à distância e de produção e reprodução de imagem, bem como pela necessidade de adaptação às mudanças do mercado, cada vez mais velozes. Entretanto, a desterritorialização produzida pelos mundos-imagem do capital tem efeitos subjetivos específicos. Esta diferença introduz uma mudança radical e constitui um dos principais aspectos da estratégia da política de subjetivação que emerge naquele momento. Tal diferença será determinante na instrumentalização da subjetividade flexível.

A cadeia de produção que constitui esta fábrica capitalista de mundos inclui uma série de novos personagens que poderíamos agrupar em quatro tipos. Eles têm em comum o fato de que a força de trabalho que todos eles vendem é a de sua inteligência, seu conhecimento e sua criatividade, mas também de suas crenças, sua espontaneidade, sua sociabilidade, seus afetos, etc.

O primeiro personagem, mais óbvio, é composto pelos próprios criadores dos mundos-imagem que englobam uma série de novos setores produtivos como a publicidade – que, naquele momento, se expande e se aperfeiçoa com as novas tecnologias da comunicação – e todos os tipos de profissionais que ela envolve, os chamados "criativos": criadores de "conceito", fotógrafos, *designers* gráficos, técnicos de audiovisual, etc. O segundo personagem compõe-se de toda espécie de consultores: caçadores de cabeças (*headhunters*), olheiros, especialistas de *marketing*, de negócios e de estratégias de investimento, pesquisadores de "tendências", gestores de recursos humanos, etc.

Os criativos e os consultores formam os equipamentos estratégicos para um novo tipo de guerra que estaríamos todos vivendo, a partir daquele período, a qual Maurizio Lazzarato qualifica como uma "guerra estética planetária". Uma guerra que se dá em torno de mundos *prêt-à-porter* criados pelo capital, numa competição feroz entre máquinas de expressão, rivalizando entre si para ganhar o mercado das subjetividades em crise, em sua desesperada demanda por padrões de existência para recuperar um contorno.

É que não basta criar mundos-imagem; é preciso que eles tenham poder de sedução, para que as subjetividades os idealizem, de modo a adotá-los como modelos para sua repaginação, os concretizando em seu cotidiano. Com efeito, estes mundos nascidos sob a forma de campanhas publicitárias são uma mera realidade de signos; para que movimentem o mercado, eles deverão ser adotados como referência na construção da vida social.

Aqui intervém o terceiro tipo de personagem desta cadeia de produção: os consumidores dos mundos-imagem, aqueles que os atualizam em sua existência concreta. Eles devem ter grande agilidade cognitiva para captar e selecionar a pluralidade de mundos que nunca param de ser lançados no ar, todos ao mesmo tempo; uma mobilidade atlética do ego para saltar de um mundo a outro; uma facilidade para plasmar-se segundo o modo de ser específico de cada novo mundo *prêt-à-porter*. Com a força de trabalho de todas estas suas potências subjetivas usadas na concretização destes mundos, os consumidores tornam-se simultaneamente seus produtores ativos.

Mas para que o consumidor conquiste estas potências subjetivas, toda uma outra gama de profissionais ganha existência: os fornecedores de layout humano, indispensável para "elevar" a chamada "auto-estima" de uma subjetividade trancafiada do cativeiro do ego, que não para de perder seu contorno, o que a coloca sob ameaça constante de cair de estatuto na hierarquia imaginária entre os humanos, ficção que naquele momento torna-se ainda mais poderosa e naturalizada.

Tais profissionais configuram o quarto personagem que faz funcionar a fábrica capitalista de mundos: *personal trainers, personal organisers, personal stylists*, estilistas, consultores de moda, dermatologistas convertidos à cosmiatria, cirurgiões plásticos, esteticistas, *designers*, decoradores, curadores de coleções de arte privadas, especialistas de autoajuda e cia. Seu principal negócio consiste em vender sua força de trabalho aos consumidores, com a promessa de ajudá-los a aceder a esta nova espécie de subjetividade flexível, os iniciando aos roteiros turísticos pelos mundos-imagem e treinando sua agilidade para repaginar-se continuamente em função deles.

Toma corpo uma subjetividade flexível de tipo *showroom*: o que se expõe para o outro é a expertise acerca dos elementos que compõem os últimos lançamentos de mundos e, indissociavelmente, a habilidade e a velocidade para incorporá-los, numa espécie de marketing ou campanha publicitária de si mesmo[14]. Diante desta aberração, duas perguntas nos vêm de imediato à mente: afinal, o que há de tão sedutor nestes mundos *prêt-à-porter* criados pelo capital? Em que se distinguiriam de outras espécies de mundo e que os torna favoritos?

Sedução perversa

A resposta salta aos olhos, se rasgamos o véu densamente tecido de imagens de que são feitos esses mundos, véu que reduz o olho a sua potência de percepção das formas e o ofusca em sua potência de vibração das forças. Podemos então constatar que o que seduz nestes mundos *prêt-à-porter* é a imagem de autoconfiança, prestígio e poder dos personagens que os habitam, como se tivessem resolvido a tensão inerente à experiência subjetiva, o que lhe teria dado cadeira cativa nos salões dos supostamente "garantidos"[15]. Em outras palavras, o que seduz nos mundos-imagem produzidos pelo capital é, basicamente, a ilusão que eles veiculam de que existiriam mundos onde as pessoas nunca experimentariam fragilidade e sentimentos de estranheza, ou no mínimo teriam o poder de evitá-los e de controlar a inquietação que provocam, vivendo numa espécie de existência hedonista, lisa e sem turbulências, eternamente estável. Esta ilusão abriga a promessa de que esta vida existe, de que se pode aceder a ela, e mais, de que isto depende unicamente da capacidade de adaptar-se continuamente aos mundos criados pelo capital, os incorporando em sua existência cotidiana. Uma relação perversa se instaura entre a subjetividade do receptor/consumidor e tais personagens-imagem.

O glamour destas criaturas supostamente poderosas e o fato de que, enquanto seres-de-imagem, elas sejam inacessíveis por sua própria natureza, é interpretado pelo receptor como sinal de sua superioridade. Como em toda relação perversa, na qual o seduzido idealiza a arrogante indiferença do sedutor – ao invés de ver nisso um sinal de sua miséria narcísica e sua total incapacidade de deixar-se afetar pelo outro –, o receptor/consumidor destes personagens sente-se insignificante. Identificado com aqueles seres-de-imagem e tomando-os como modelo, na esperança de um dia tornar-se digno de pertencer a seu mundo, o consumidor passa a desejar ser como eles, colocando-se numa posição submissa de carência e de perpétua demanda de reconhecimento. Como, por definição, tal desejo permanece eternamente insatisfeito, a esperança tem vida curta. O sentimento de exclusão sempre retorna e, para livrar-se dele, a subjetividade se submete mais ainda, mobilizando suas forças num grau cada vez mais alto, numa corrida desenfreada em busca de mundos *prêt-à-porter* a serem incorporados a sua existência.

Esta promessa mentirosa constitui o mito fundamental do capitalismo mundial integrado[16], a força motora de sua política de subjetivação, a diferença que ele introduz na experiência contemporânea da desterritorialização. A ilusão que sustentava a estrutura do sujeito moderno ganha aqui uma nova fórmula. Ela se transmuta e atinge seu ápice de credibilidade na religião do capitalismo cognitivo. Uma religião monoteísta cujo *script* é basicamente o mesmo das religiões às quais se atribuiu originalmente este nome: há um Deus todo poderoso que promete o paraíso se nos adequarmos às suas palavras de ordem, com a diferença que no papel de Deus está o capital, e que o paraíso que ele promete é nesta vida e não no além dela. Os glamourosos seres garantidos dos mundos da publicidade e dos espetáculos de entretenimento da cultura de massa são os santos de um panteão comercial, como sugere Brian Holmes[17].

A crença na promessa religiosa de um paraíso capitalista é o que sustenta o abuso bem-sucedido das potências subjetivas. O sentimento de culpa que esta crença produz e a esperança de um dia "chegar lá", e escapar da vala dos segregados, mobiliza o desejo de realizar os mundos *prêt-à-porter* que o mercado oferece, desejo alimentado pela ilusão de estar mais próximo do panteão imaginário, a cada vez que incorpora algum de seus traços, por meio do consumo. É através desta dinâmica que a subjetividade se torna produtora ativa destes mundos. Uma servidão voluntária que não se faz por repressão ou obediência a um código moral, como era o caso para ter acesso ao paraíso nas religiões monoteístas tradicionais, um modo de subjetivação que, embora sem deus, continuou a vigorar no sujeito moderno. Neste novo cenário, não existe mais um código único que deve pré-determinar, por princípio, a orientação das ações do desejo. Pelo contrário, são muito e distintos os mundos-imagem, e quanto mais criativo aquele que a empresa veicula, maior seu poder de competitividade, já que sua incorporação promete fazer do consumidor um ser distinto e acima dos demais, o que é essencial neste tipo de política de relação com o outro. Em suma, no lugar da repressão, o que rege este novo tipo de servidão voluntária, é a volúpia de consumo do próprio sujeito.

Neste contexto, a vida pública é substituída por um *reality show* global orquestrado pelo capitalismo cultural-informacional que tomou conta do planeta. O mundo torna-se uma espécie de mega-telão, onde é projetado *non-stop* o tal *reality show*, no qual se disputa a tapas um papel, se possível de protagonista: lugar imaginário e fugaz que deve ser objeto permanente de investimento do desejo, incessantemente administrado e assegurado, contra tudo e contra todos[18].

Vida à venda

O capitalismo cultural-informacional encontra assim uma maneira de enfrentar e neutralizar a reativação de um processo coletivo de transfiguração da realidade que resultava da propagação social do modo de subjetivação flexível, intensificada nos anos 1960 e início dos 1970. O novo regime incorpora o deslocamento do princípio de produção da subjetividade anteriormente baseado numa estabilidade identitária, em direção ao princípio baseado na flexibilidade; porém, o faz apenas como uma maneira mais bem-sucedida de manter a anestesia aos efeitos da presença viva do outro no próprio corpo, anestesia que caracterizava o sujeito moderno, agora adaptada ao novo contexto.

O que se produz é um retorno à identidade, mas agora do tipo flexível, cujas diferentes figuras não nascem de uma fecundação pelas forças que agitam a vida coletiva, a qual levaria a um devir-outro; elas passam a nascer da customização dos seres-de-imagem introjetados, que mantém o sujeito no mesmo lugar. A ilusão de uma unidade individualizável do sujeito é não só mantida, mas, adaptada aos novos tempos, ela é ainda mais reforçada, o que dá ao regime a vantagem de levar o individualismo a uma máxima exacerbação.

De um lado, a criação *non-stop* dos espalhafatosos mundos *prêt-à-porter* provoca uma turbinagem da tensão entre as duas vias de apreensão do mundo, assim como da crise a que ela conduz e do mal-estar que lhe é inerente. Enquanto que, de outro lado, a dissociação da subjetividade em relação à causa desta ansiedade é levada ao extremo pela dinâmica perversa que se estabelece na relação entre mercado e consumidor, cuja força motriz é a crença na promessa de paraíso.

Em suma, a política da subjetividade flexível permanece, mas perde sua força crítica de criação na produção de si e do mundo. Tal força depende de escutar os efeitos desestabilizadores da presença viva do outro em seu próprio corpo e garantir a conexão entre as capacidades vibrátil e racional, habitando a tensão entre elas; o tal sinal de alerta que convoca um processo de criação comandado pelas demandas da vida. Em seu lugar, o ego toma o comando das forças de produção da realidade: reduzido à atividade racional, ele desconhece as causas da perda de referências e da vertigem que esta perda lhe provoca. Ele tende então a interpretar sua desorientação como resultado do colapso da própria subjetividade, e não de sua atual configuração, e a traduzi-la como "fracasso": daí os sentimentos de inferioridade e exclusão, a tal auto-estima baixa, indissociável da culpa.

Para proteger-se do mal-estar, o ego passa a fabricar razões imaginárias que explicariam seu desamparo e, com isso, constrói barreiras defensivas em torno da verdadeira causa de seu sofrimento. Dado o fato de que este estado é principalmente mobilizado pela idealização das imagens de mundos *prêt-à-porter* propostos pelo capital, a estratégia defensiva mais óbvia será a de investir o desejo nestas imagens e tratar de realizá-las na existência por meio do consumo dos produtos a ela viculados, na esperança de superar a ansiedade. Nesta dinâmica, o critério que orienta as forças de produção de si e do mundo deixa de ser ético (que teria como bússola a vida em sua vontade de afirmação) e passa a ser moral e narcísico (que tem como bússola o sistema de valores de mercado e o reconhecimento de si neste sistema). A potência de criação desvanece, convertendo-se em "criatividade" estéril a serviço deste reconhecimento.

Completa-se, aqui, o ciclo da instrumentalização das potências subjetivas pelo capital. Na verdade, todas as fases do processo de subjetivação são usadas como energia primária para a produção de mundos para o mercado: as capacidades de decifração racional e vibrátil; o mal-estar da disparidade entre elas; o sinal de alerta que o mal-estar aciona; a pressão que o disparo deste sinal exerce no pensamento-corpo para redesenhar-se a si mesmo e ao mundo; e, por fim, as forças de desejo, de criação e de ação que esta pressão mobiliza. O que começa a tomar forma é um povo de zumbis hiperativos que proliferará, cada vez mais, por todo o planeta nas últimas décadas do século XX e início do XXI, modelo-ideal de uma subjetividade identitária flexível adaptada ao mundo neoliberal.

A experimentação que vinha se fazendo coletivamente nas décadas anteriores para emancipar-se do padrão de subjetividade dominante, conquistando a flexilbilidade de um processo contínuo de devir-outro, torna-se indiscernível de sua incorporação pela política de subjetivação que começa a implantar-se sob o capitalismo cognitivo, que instrumentaliza a flexibilidade recém-conquistada. Muitos dos protagonistas dos movimentos das décadas anteriores caíram na armadilha: deslumbrados com a celebração de sua força de criação e de sua postura irreverente e experimental até então estigmatizadas e confinadas na marginalidade, deslumbrados igualmente com o prestígio de sua imagem na mídia e seus altos salários, eles se tornam os próprios criadores dos mundos produzidos para e pelo capital[19].

Aqui, de fato, o vasto *know how* brasileiro em matéria de antropofagia pode nos ajudar a problematizar este infeliz engodo e separar o joio do trigo. Mas, para isso, é preciso problematizar o próprio ideário antropofágico, para dele extrair sua potência ativa. Como já assinalado, o modo antropofágico de produção da subjetividade e da cultura em si mesmo não é garantia de nada; aquilo que o caracteriza pode ser investido com diferentes micropolíticas, das mais ativas às mais reativas. Lembremos que aquilo que as distingue é a estratégia de construção de territórios: para que esta construção se oriente na direção da afirmação da vida é necessário que ela se dê por meio de um processo de criação que resulte em transfiguração do status quo e não por meio de uma mera criatividade para reproduzir mais do mesmo com novas roupagens. Não é exatamente isso o que distingue as duas modalidades de subjetividade flexível que vem se confrontando? De um lado, aquela resultante de num processo de experimentação radical nos anos 1960 e 1970, para criar linhas de fuga ao regime de inconsciente dominante, e, de outro, sua instrumentalização pelo capitalismo cultural-informacional, da qual resultou a subjetividade identitária flexível dos zumbis hiperativos?

Servidão voluptuosa

No Brasil, toda esta operação do capitalismo contemporâneo toma um caráter específico. Alguns fatores contribuem para esta especificidade da implantação da subjetividade-flexível-à-venda neste contexto. Por um lado, o capitalismo cultural-informacional encontrava aqui a singularidade e a audácia das forças de criação dos movimentos de experimentação cultural e existencial, da década de 1960 e início da de 1970, o que daria à instrumentalização destes movimentos um solo promissor. Por outro lado, tais movimentos encontravam-se traumatizados pelo recrudescimento do aparato repressivo da ditadura militar, com a promulgação do Ato Institucional nº 5, que punia violentamente as ações consideradas subversivas, suspendendo garantias constitucionais e o direito a *habeas corpus*. É certo que no início do regime ditatorial, tanto a militância na esfera macropolítica, como a experimentação cultural e existencial, na esfera micropolítica, não só persistiram, mas inclusive se radicalizaram. No entanto, a partir do final de 1968, o movimento foi progressivamente perdendo fôlego.

A partir deste momento, um número significativo de ativistas brasileiros, em ambas as esferas, foi preso e frequentemente torturado; muitos deles morreram, seja pelas mãos dos policiais e torturadores ou por excesso de experimentações químicas, outros afogaram-se na loucura ou em sua psiquiatrização, outros ainda se refugiaram no exílio. Uma parte considerável das forças de criação e de resistência entrou num estado de exaustão. É que, como em todo regime totalitário, os efeitos mais nefastos da ditadura militar brasileira não foram apenas aqueles, palpáveis e visíveis – repressão, censura, prisão, tortura, morte –, mas também outros, invisíveis e mais sutis e, por essa mesma razão, mais difíceis de apreender, elaborar e curar.

O fato de que as forças de criação e resistência neste tipo de situação sejam ameaçadas com punições cujo nível de violência pode levar até à morte, sem qualquer barreira que lhe imponha limites, provoca um estado de terror na alma cuja consequência é a tendência a uma paralisia das capacidades de criação e de luta, a qual se acompanha de um bloqueio do exercício da inteligência coletiva. Tais efeitos traumáticos tendem a perdurar mesmo depois da queda do regime que os provocou. É como a reação dos animais que, face ao predador, paralisam e se fingem de mortos por uma questão de sobrevivência, até que o inimigo desapareça; uma reação defensiva, provocada pelo terror, que pode perdurar mesmo quando já não há qualquer perigo real, pois a sensação de terror não se dissolve automaticamente com esta mudança.

Este foi o contexto com o qual o neoliberalismo teve que lidar para instalar-se no Brasil, após a queda da ditadura militar. Aliás, é bom lembrar que, se é verdade que esta queda resultou da pressão dos movimentos sociais no país, não é menos verdade que resultou também – e, talvez, principalmente – da pressão exercida pelo próprio capitalismo transnacional. É que se, de um lado, a destruição da agenda social e a perseguição aos movimentos de contestação, realizadas pelos governos militares, foi útil ao novo regime capitalista que inclusive participou de sua arquitetação, de outro lado, a rigidez da estrutura de Estado intrínseca a tais governos lhe é totalmente inadequada. Mais inadequada ainda é sua política de produção de subjetividade, comandada por um princípio hiperidentitário, em defesa dos valores da pátria, da família e da propriedade, que encontra reverberação e apoio nas forças mais conservadoras do país e, com isso, as legitima. Em suma, a rigidez da máquina estatal e das subjetividades constitui um entrave para a dinâmica inerente ao neoliberalismo.

Este é um outro fator da especificidade da instalação do capitalismo cognitivo em nosso país. O novo regime necessitou reativar a flexibilidade subjetiva e a liberdade de experimentação cultural (características que poderíamos chamar de antropofágicas), que haviam existido nos anos prévios à ditadura e persistido em sua primeira fase. Reativação que lhe era imprescindível para poder executar sua estratégia de instrumentalizá-las a serviço da invenção e produção de seus paraísos virtuais, por meio dos quais explorar as potências subjetivas para acumulação de capital[20].

É isto o que fez com que muitos tenham vivido o advento do novo regime como uma verdadeira salvação. Ele não só liberava as forças de criação de sua repressão, mas as incentivava e lhes dava o poder de exercer um papel de destaque na construção do mundo que ele instauraria. A reativação do movimento de criação no Brasil pós-ditatorial ocorreu, pois, sob os auspícios do neoliberalismo[21]. Isto tornou a geração dos anos 1960-1970 mais vulnerável à sua instrumentalização no Brasil do que em outras partes do mundo. Como anteriormente mencionado, parte desta geração entregou-se com voluptuosa submissão à venda perversa de suas forças de criação numa adesão devota e até fanática à religião do capitalismo cultural-informacional e sua falaciosa promessa de paraíso. Produziu-se uma versão patética dos zumbis hiperativos, estas criaturas que começaram a povoar a cena internacional.

Em outras palavras, aos efeitos traumáticos da violência da ditadura sobre a força de criação, agregou-se aqui o uso perverso que o neoliberalismo fez desta situação, ativando seu passado experimental especialmente poderoso e tirando vantagem de suas feridas. Uma overdose de violência que excedeu os limites do tolerável e, portanto, da possibilidade de elaborar e reagir. Isto iria deixar efeitos nefastos na produção da subjetividade e da cultura[22].

Depois de um século de psicanálise, sabemos que traumas de tal magnitude requerem, no mínimo, três gerações para serem digeridos, de modo a neutralizar os efeitos tóxicos da interrupção do fluxo vital; efeitos que permanecem ativos, apesar do esquecimento defensivo da ferida no coração das forças de criação e de luta. No Brasil, no entanto, é mínima a parcela da terceira geração pós ditadura militar que pôde elaborar este trauma, não só pelo fato deste ter sido instrumentalizado pelo neoliberalismo, mas também por se tratar de mais uma das reatualizações de um trauma que vem de longa data, mais precisamente desde a própria fundação do país sob o regime colonial-racializante-capitalístico.

Ao contrário de outros países do continente sul americano, o trauma desta fundação nefasta jamais teve sua violência reconhecida e, muito menos, tratada e seus verdugos jamais foram responsabilizados e punidos. Esta resposta patológica à violência se repetiu em relação aos vinte anos à ditadura militar, nos acordos "cordiais" que se firmaram na negociação para a volta da democracia e para a definição dos termos que orientaram seu reestabelecimento. Resulta disso que este trauma permanece sob um recalque que não para de retornar, convocando as mesmas estratégias defensivas, o que dificulta que possamos sair, efetivamente, do domínio de suas sequelas.

Em todo caso, a antropofagia cultural proposta pelo movimento modernista, e que supostamente seria nossa força maior, não nos impediu de cair na cilada da instrumentalização pelo capitalismo financeirizado das experimentações culturais dos anos 1960 e 1970 instrumentalização facilitada pela reedição do trauma jamais elaborado. Pelo contrário, parece ter facilitado a adaptação à flexibilidade de hibridação, mas neste caso inteiramente destituída de sua força crítica. Convocada em seu polo mais reativo, o que se estabeleceu foi uma espécie de antropofagia neoliberal.

O antivirus

Estamos distantes da antropofagia dos banquetes ancestrais, que impactou o imaginário dos brasileiros como um dos mitos fundadores do país; distantes também da subjetividade flexível, criada nos anos 1960 e 1970, a partir de uma reativação da fórmula da relação com o outro, que o Movimento Antropofágico extraiu deste mito. Nesta fórmula, como vimos, os corpos vão sendo criados com partículas deste outro que se decide devorar, porque são portadoras de uma radical afirmação de sua diferença, cuja incorporação trará uma expansão vital, como sabiam nossos ancestrais. Uma prática antropofágica cuja intenção é a de tomar para si estes afetos de vitalidade, para com eles compor um devir singular de si mesmo e do mundo.

Ao invés disso, na nova cena, desaparece a alteridade diversificada própria do ecossistema sociocultural, e, em seu lugar, impõem-se os tais personagens das imagens de mundo *prêt-à-porter* inventados pelo capital. A relação que se estabelece com estes personagens-de-imagem é a de uma devoração compulsiva, como que sob hipnose, sem qualquer avaliação de seus efeitos em nossa potência vital, na ânsia de sermos como eles. O que acontece, de fato, é que, nos deixamos devorar integralmente por estes seres imaginários. Resulta disso um processo de homogeneização generalizada, no qual a produção de diferença é abolida e, com ela, a possibilidade de devir outro.

Toma corpo uma subjetividade muito mais seriamente anestesiada em sua capacidade vibrátil e, com isso, muito mais fortemente dissociada da presença viva do outro a constituir seu próprio corpo. Uma espécie de "antropofagia zumbi": a vitoriosa atualização contemporânea do polo reativo do ideário modernista.

No entanto, apesar de sua longa duração, os efeitos dos traumas não são eternos; eles têm um prazo de validade. Com efeito, pareceria que a partir de meados dos anos 1990, na Europa e nos Estados Unidos, e da virada do século xx para o século XXI, em nosso continente – duas décadas depois que o vírus da fé no paraíso prometido pelo capitalismo cultural começara a circular pelo organismo social em cada um destes contextos –, caiu a ficha de que estávamos sob uma pandemia que vinha atacando a subjetividade em seus poderes mais essenciais.

Desde então, um esforço coletivo para decifrar este vírus, de modo a produzir vacinas que nos imunize contra ele, tem acontecido em várias regiões do planeta, com diferentes métodos, em distintos segmentos da vida social e numa transversalidade entre eles. O deslumbramento patológico produzido pela celebração que o capital faz da vida como poder de criação, cuja meta é colocá-la a seu serviço, começou a ser "tratado", na intenção de reativar a força crítica deste poder, ou seja recuperar sua saúde.

A ativação, cada vez mais intensa, do movimento de êxodo na direção de uma experimentação política, existencial e, também, artística (embora o campo institucionalizado da arte, principalmente das artes visuais, tenha sido tomado pelo capital financeiro, como objeto predileto de instrumentalização), parece estar começando a liberar a subjetividade flexível contemporânea de sua apropriação perversa. Neste êxodo, busca-se reativar a vulnerabilidade ao outro (não só o humano), assim como o poder de criar cartografias singulares que tragam para o sensível as mudanças que sua presença engendra no diagrama de afetos.

Estaria havendo um retorno da potência antropofágica em seu polo ativo? A flexibilidade, a irreverência em relação aos códigos dominantes, pretensamente universais, e a liberdade de experimentação que lhe são próprias, estariam se colocando a serviço da vida? Estariam tais aptidões podendo colocar a seu favor o acesso a um ecossistema global, marcado por uma diversidade de culturas, tão rica, heterogênea e variável como o que estamos vivendo hoje? E mais, estariam elas podendo nos fazer "ver" o cruel abismo que a nefasta fabulação de uma hierarquia entre os modos de existência impôs aos corpos, como condição de sua racialização e, portanto, de sua exploração naturalizada?

Não, estas perguntas não vêm de uma vontade de final feliz: acreditar em finais felizes é nossa maior patologia, cujas raízes históricas remontam a priscas eras. Tal patologia se estende por todo o espectro das utopias idealizadoras que se inventou no Ocidente nos últimos séculos – sejam elas progressistas ou reacionárias. Hoje elas tendem a se apresentar sob duas formas: os paraísos-de-imagem do neoliberalismo para uma subjetividade identitária do tipo flexível, ou suas contrapartidas fundamentalistas que ainda insistem no modelo de uma identidade fixa e intensificam ao extremo sua rigidez. O que se pode intuir, no entanto, é que a faixa sonora, considerada *cult*, do *reality show* global, como de sua contrapartida, considerada brega, emitida pelos berros de um fundamentalismo de nova espécie, já não são tão monocórdias: escutam-se vozes dissonantes, seja em relação ao canto sedutor das sereias do capital e suas subjetividades tornadas flexíveis para o mercado, seja em relação ao canto estridente das vozes conservadoras[23].

Afirmar e até intensificar a flexibilidade, ativando, entretanto, a força crítica de sua potência nômade, é a frequência de vibração que ressoa majoritariamente no timbre das vozes dissonantes. Se a tradição antropofágica, em seu polo reativo, contribuiu para classificar os brasileiros no *ranking* dos atletas da flexibilidade para o mercado, em compensação, em seu polo ativo, ela entra em sintonia com as vozes dissonantes que se ouve, hoje, pelo mundo afora, contribuindo com seu *know-how* de liberdade de hibridação e do critério que nos permite distinguir o que deve e o que não deve ser engolido.

Mas para que este *know-how* possa, de fato, contribuir, devemos saber o que se faz com o que se engole, como a antropofagia originária nos ensina. Desta perspectiva, não se trata exatamente de "comer o outro" (como propunham os antropófagos modernistas), pois isso costuma estar associado à tendência de apropriar-se do outro para aumentar nosso poder social e narcísico. No lugar disso, trata-se de se deixar afetar pelo outro e, a partir de seus efeitos dissonantes em nossa constituição, sustentar um processo de transformação que dê corpo à dissonância, aumentando nossa potência de participar do trabalho coletivo de regeneração do ecossistema ambiental, social e mental.

Em suma, se a antropofagia modernista ainda faz sentido na atualidade é sob a condição de afirmarmos sua potencialidade ativa, repaginando seu ideário, para deixar de lado o que nele atualiza a submissão ao regime de inconsciente colonial, sua potencialidade reativa. Só assim vale a pena agregar esse ideário ao coro das vozes dissonantes.

Ainda que estas vozes não sejam tão numerosas e seu timbre seja frágil e sutil – quase inaudível sob o alvoroço arrogante das vozes dominantes –, elas parecem ter o poder de provocar infra movimentos na cartografia planetária; são alterações invisíveis, mas nem por isso menos reais.

Ao que tudo indica, já não estamos exatamente na mesma paisagem. Embora muita água ainda tenha que rolar sob a ponte globalitária do regime colonial-capitalista, até que caia em desuso face às pontes que vêm se construindo entre as múltiplas paisagens singulares geradas nestas derivas sutis.

Notas

1
Os jesuítas chegaram ao Brasil em 1549, quando fundaram a Província Brasileira da Companhia de Jesus, para a qual Pedro Fernandes de Sardinha foi designado bispo em 1551, tendo chegado ao país neste mesmo ano. Em 1556, o bispo foi chamado de volta a Portugal e o barco no qual partia naufragou perto de Coruripe (hoje pertencente ao estado de Alagoas). Neste acidente, o bispo e toda a tripulação que o acompanhava foram mortos e devorados pelos índios Caeté. A resposta a este episódio por parte do governo português, com o apoio da Igreja, foi o extermínio dos Caeté, em uma série de batalhas ao longo de cinco anos. Apesar das diferentes versões acerca deste episódio, sua existência é sustentada por documentos históricos, inclusive por cartas escritas por jesuítas da época.

2
Hans Staden (1527-1578) foi um aventureiro alemão que esteve no Brasil duas vezes, em 1548 e 1555, tendo numa delas naufragado na costa de Itanhaém (hoje pertencente ao estado de São Paulo). Capturado, ele permaneceu cativo nove meses e acabou sendo libertado pelos próprios índios, que decidiram não devorá-lo. Tornou-se famoso por seu relato de viagem ao Brasil no início da colonização, publicado em 1557, com o título *Warhaftige Historia und beschreibung eyner Landtschafft der Wilden Nacketen, Grimmigen Menschfresser-Leuthen in der Newenwelt Ame rica gelegen* [História Verdadeira e Descrição de uma Terra de Selvagens, Nus e Cruéis Comedores de Seres Humanos, Situada no Novo Mundo da América]. Espécie de diário ficcional sobre a vida cotidiana dos povos que aqui encontrou, ilustrada por gravuras de Theodore de Bry, seu livro teve notável influência em escritores viajantes ao longo dos séculos XVI e XVII do Brasil colonial. É considerado o fundador deste gênero literário e, portanto, da figura do homem dos trópicos como "exótico selvagem" que marcou o imaginário do colonizador europeu.

3
"Manifesto da Poesia Pau-Brasil" (1924). In: *A Utopia Antropofágica*. Obras Completas de Oswald de Andrade. São Paulo: Globo, 1990.

4
Darcy Ribeiro, *O Povo Brasileiro. A formação e ou sentido do Brasil*. São Paulo: Companhia das Letras, 1995.

5
Os dois últimos regimes autoritários que caíram naquela década, ambos em 1989, foram na União Soviética, cujo fim foi marcado pela queda do muro de Berlim, e no Paraguai, pela deposição do ditador Alfredo Stroessner, que se manteve no poder por 35 anos.

6
Cf. Brian Holmes, "The Flexible Personality". In: *Hieroglyphs of the Future* (Zagreb: WHW/Arkzin, 2002). Disponível em: <www.geocities.com/CognitiveCapitalism/holmes1.html>.

7
"Chato-boys" é a expressão pela qual, Oswald de Andrade, com seu humor cáustico, qualificava os intelectuais acadêmicos brasileiros. Ele usou esta expressão pela primeira vez para referir-se aos intelectuais que criaram a revista Clima (1941-1944), reunidos incialmente em torno do curso de filosofia do professor francês Jean Mäugué, na Faculdade de Filosofia da USP.

8
"Manifesto Antropófago" (1928). In: *A Utopia Antropofágica*. Obras completas de Oswald de Andrade, op. cit. A frase completa no texto original diz o seguinte: "Contra a verdade dos povos missionários, definida pela sagacidade de um antropófago, o Visconde de Cairu: É mentira muitas vezes repetida."

9
Ao conter em si o lugar que nos é atribuído pela colonialidade, ainda que com seu valor invertido, a ideia repaginada de "brasileiro", proposta pelos modernistas de 1922, pode contribuir para nos manter sob o confortável pano quente que tendemos a colocar sobre as distâncias abissais que separam os vários componentes que esta ideia comporta, distâncias marcadas por uma violenta estigmatização da maioria dos habitantes deste país. Um abismo que tem sua origem na relação colonial-escravocrata com o outro que nos funda como nação, e que jamais deixou de estar presente como princípio que estrutura a subjetividade de uma parte significativa de nossa sociedade, mantendo-se sempre latente, pronta para se atualizar a qualquer momento. A situação macabra que se abateu sobre nosso país desde 2005 (com as denúncias do "mensalão" que deram o *start* das operações de uma nova modalidade de golpe que se estende no tempo) e, mais intensamente, a partir de 2018 (com a vitória de Bolsonaro, que resulta de tais operações),

é um indício da volta triunfante à cena pública deste princípio que rege a subjetividade de parte dos brasileiros. Nesse sentido, poderíamos inclusive dizer que mais do que um "racismo estrutural", há um "racismo estruturante" que ronda a produção da subjetividade no país, especialmente em sua relação com o outro.

10
Refiro-me aqui ao Concretismo na poesia e nas artes visuais (no início dos anos 1950) e, sobretudo, ao Neoconcretismo (1959-1961), assim como ao Poema processo (1967-1972) e ao Tropicalismo (1967-1968). Este último é mais associado à sua expressão na música, mas tem reverberações nas artes visuais (sobretudo nas obras pós neoconcretismo de Lygia Clark e Hélio Oiticica, o autor do termoTropicália), nas artes cênicas, com o Teatro Oficina (principalmente a partir a montagem de *O rei da Vela*, de Oswald de Andrade, em 1967) e, também, no cinema, na obra de Glauber Rocha e no movimento que ficou conhecida com Udigrúdi (1968- 1973).

11
As noções de "capitalismo cognitivo" ou "cultural", propostas a partir dos anos 1990, principalmente por pesquisadores associados na época à revista francesa *Multitude*, é um desdobramento das ideias de Deleuze e Guattari relativas ao modo de produção da cultura e da subjetividade no regime capitalista contemporâneo.

12
Ver supra, nota 11. Vale mencionar os debates que vem se desenrolando, há algumas décadas, sobre as novas formas de trabalho e, a partir delas, a emergência de novos sujeitos políticos, tais como os que surgiram nos anos 1990 no seio de alguns movimentos europeus em torno da precarização do trabalho.

13
Cf. Lazzarato, Maurizio, "Créer des mondes. Capitalisme contemporain et guerres 'esthétiques'". In: *Multitudes 15*, Art Contemporain. La recherche du dehors. Paris, inverno 2004. Uma versão revisada deste texto foi incluída com o título "Entreprise et Néomonadologie", in Lazzarato, Maurizio, *Les Révolutions du Capitalisme (Paris: Les Empêcheurs de penser en rond, Le Seuil, 2004).*

14
A subjetividade flexível do tipo *"self-showroom"* que se apresentava em 2005, quando este texto foi escrito, parece pré-histórica diante da crescimento exponencial que adquiriu nos anos seguintes, por exemplo com

as *"selfies",* veiculadas a milhares de pessoas, instantaneamente, em redes sociais, com tecnologias como o instagram, criado em 2010.

15
"Garantidos" é uma noção proposta por várias tendências do operaísmo na Itália dos anos 1970. A utilizo, aqui, no sentido que lhe foi atribuído por Félix Guattari. Cf. Guattari, Félix e Rolnik, Suely, *Micropolítica. Cartografias do desejo*. São Paulo: Vozes, 1986. pp. 187-190 (esgotado).

16
"Capitalismo mundial integrado" (CMI) é uma expressão cunhada por Félix Guattari, já nos anos 1960, como alternativa a "globalização", termo segundo ele por demais genérico e que vela o sentido fundamentalmente econômico e, mais precisamente, capitalista e neoliberal do fenômeno da transnacionalização que então começava a instalar-se. [cf. Guattari, Félix, "Le Capitalisme Mondial Integré et la Révolution Moléculaire", relatório inédito de palestra proferida em seminário do grupo CINEL, em 1980. Publicado em português in: Rolnik, Suely (org.), "O Capitalismo Mundial Integrado e a Revolução Molecular", *Revolução Molecular. Pulsações políticas do desejo*. Brasiliense: São Paulo, 1981, 3a ed. 1987 (esgotada); p.211].

17
Cf. Brian Holmes, "Reverse Imagineering: Toward the New Urban Struggles. Or: Why smash the state when your neighborhood theme park is so much closer?". Disponível em: https://derive.at/texte/reverse-imagineering/.

18
Vale assinalar que desde 2005, quando este texto foi escrito, o *"reality show global"* se expandiu e se sofisticou exponencialmente. Aos mega-telões adicionam-se hoje as milhares de mini-telinhas que se acoplam a nossos corpos como verdadeiras próteses hiper-conectadas em redes, formando um hiper-telão que envolve todo o planeta, onde se projeta, dia e noite, o *reality show* do qual somos todos protagonistas.

19
Hoje, em 2021, dezesseis anos depois da elaboração deste texto, podemos dizer que o surgimento da subjetividade identitária flexível, própria do capitalismo financeirizado, foi em parte o que provocou uma reação conservadora na sociedade brasileira, em seus segmentos mais gravemente estruturados na tradição colonial-escravocrata. Não dispondo de recursos psíquicos e cognitivos para fazer face às mudanças, eles reivindicam uma volta à subjetividade identitária fixa, própria ao sujeito moderno, para livrar-se de sua patológica ansiedade. Tal tendência se manteve latente

nos subterrâneos desde o final da ditadura até a última década, quando irrompeu na superfície, num momento de crise econômica do regime; uma irrupção que, aliás, foi incentivada pelo próprio regime que dela se beneficiou. Se é verdade que o conservadorismo da fixidez identitária não interessa ao capitalismo financeirizado, naquele momento ele passou a incentivá-la para conter movimentos de ruptura. Esta operação se deu por meio de dispositivos micropolíticos que mobilizam o apego a um suposto passado glorioso da nação, no qual se teria vivido em harmonia e estabilidade. Uma narrativa *fake*, baseada em imagens delirantes deste passado, produzidas e veiculadas pela cultura de massa e continuamente lançadas nas redes digitais. O intuito é que tal narrativa se sobreponha ao necessário trabalho de decifração do presente para enfrentar seus desafios e orientar um processo de transformação, o que se faz especialmente necessário em momentos de crise. Por isso mesmo, é nesses momentos que o regime dominante tem que encontrar estratégias micropolíticas para desmobilizar este trabalho.

20

Esta afirmação é adequada ao contexto em que o texto foi escrito. No entanto, se na esfera macropolítica, o Estado autoritário continua sendo, hoje, um estorvo para o capitalismo das finanças, já na esfera micropolítica, a subjetividade identitária flexível produzida nos primeiros anos de seu poder globalitário, revelou-se inadequada para seus desígnios. Diante disso, o regime mudou o princípio da gestão de sua fábrica de subjetividade [ver supra, nota 19]. Esta passou a produzir o tal conservadorismo hiperidentitário e delirante, enquanto opera-se a redução do Estado ao mínimo, não só para eliminar as agendas sociais, mas também para adquirir flexibilidade para acompanhar a velocidade de variação das demandas transnacionais das finanças, que passam a comandá-lo. Esta nova modalidade de poder nas esferas micro e macropolítica, implica em colocar na presidência dos Estados, figuras cuja função não é mais de cumprir as atribuições tradicionais de sua liderança, mas de liderar a mobilização deste conservadorismo nas subjetividades. Neste sentido, o caso do Brasil é exemplar: em sua nova função, cabe ao presidente e a seu grupo de apoio no governo, veicular informações e narrativas falsas e promover uma confusão semântica generalizada, as quais chegam instantânea e continuamente a todos pelas tecnologias de comunicação de massa, impedindo que se reconheça o que está, de fato, se operando no plano do Estado e suas sequelas nefastas para a vida individual e coletiva.

21

No final dos anos 1970, poucos anos antes da queda da ditadura militar, e da subsequente instalação do capitalismo financeirizado no país, houve uma retomada de diferentes movimentos que atuavam na esfera micropolítica (feministas, gays, negros, indígenas, etc.), cuja força tinha se arrefecido após o recrudescimento do regime ditatorial. A luta pela redemocratização do país, que se deu naqueles anos, criou as condições para esta retomada. É desta época que data igualmente a fundação do Partido dos Trabalhadores (PT), que funcionou no início como um catalisador temporário daqueles movimentos. Nas duas décadas seguintes, tais movimentos seguiram avançando e, junto com outras forças da sociedade brasileira, levaram a uma mudança política no país que desembocou na eleição de Lula para a presidência da República, em 2002. Vale a pena agregar a esta nota, presente no texto original, duas considerações. A primeira é que, assim como o movimento de redemocratização se deve em parte aos interesses do capitalismo das finanças que, naquele período, mudou sua estratégia na América Latina, a liberação das vertentes atuantes na esfera micropolítica, também se deve em parte a esta mudança de estratégia. A segunda é que, nos anos seguintes à eleição de Lula, tais vertentes foram paulatinamente se afastando do PT e de seu governo, por não encontrar sensibilidade para as questões colocadas na esfera micropolítica. Aqueles que não caíram na sedução dos mundos-imagem que então tomavam a cena, seguiram suas lutas fora do campo da política institucionalizada. É notório como estes vêm tomando um fôlego cada vez maior, em contraponto ao recrudescimento das estratégias micropolíticas levadas a cabo pelo poder das finanças.

22
Vale a pena agregar que a política cultural sob domínio das estratégias micropolíticas da dobra financeirizada do capitalismo, próprias de sua nova modalidade de poder, que apenas começava a insinuar-se em 2005, quando este texto foi escrito, encontra-se hoje plenamente instalada. Tais estratégias acompanharam a nova modalidade de golpe, intrínseca ao novo regime de poder, do qual o impeachment de Dilma, em 2016, é apenas um dos episódios (ver notas 9 e 20). Desde então, estas estratégias foram se intensificando, o que leva ao cenário sinistro de nossa atualidade: um desmantelamento sem precedentes das instituições estatais voltadas à cultura, o mais grosseiro e descarado que já se conheceu, assim como a irrupção de um conservadorismo hiperidentitário dos mais rígidos e alucinados. A escolha de Bolsonaro para candidato à presidência do país, que começa a ser construída em 2014, tem exatamente o propósito de mobilizar a identificação das massas com a micropolítica reativa que sua personalidade psicopata encarna (ver nota 19). No entanto, o tiro do golpe saiu pela culatra, pois a psicopatia do atual presidente mostrou-se a tal ponto tosca e cognitivamente destrambelhada, que extrapolou a função para a qual foi colocado nesta posição e, ao invés de preparar o terreno para a instalação de um Estado a serviço do capital transnacional com uma máscara

democrática, acaba por desmascará-lo. É verdade que tal cenário não é monocórdio; muitas vozes da cultura se contrapõe a ele, gerando outros cenários. Vale salientar que, durante o período em que foi se operando o golpe, anterior à vitória de Bolsonaro, também na esfera do Estado outras vozes se impuseram. É o caso, particularmente, das gestões do Ministério da Cultura sob os comandos de Gilberto Gil e Juca Ferreira, entre 2003 e 2016, nos governos do PT, que criaram condições favoráveis não só para o rastreamento das inúmeras e diversas manifestações culturais que se agitavam por todo o país, mas também para seu empoderamento.

23
O conservadorismo de nova espécie, que apenas se insinuava em 2005, quando este texto foi escrito, hoje, em 2021, mostra suas garras por toda parte. Ele é fruto da mencionada mudança na estratégia micropolítica própria da nova modalidade de poder, a qual passou da mobilização e instrumentalização da subjetividade flexível das décadas de 1960-1970, para a mobilização e instrumentalização de uma subjetividade hiperidentitária das mais agressivas e delirantes.

A ideia desta coleção Lampejos foi criar, para cada capa, um alfabeto diferente desenhado pelo artista Waldomiro Mugrelise. Entremear a singularidade dos textos de cada autor à invenção gráfica de um outro léxico e outra sintaxe.

"Todos os viajantes confirmaram: transformar o teclado do computador em mecanismo de fazer desenhos é a melhor solução para este projeto. A invenção de um dispositivo composicional além do léxico, quero dizer, anterior ao léxico, fará o leitor percorrer léguas de insensatas cacofonias, de confusões verbais e repetições que correspondem a idioma algum, por dialetal ou rudimentar que seja. A incoerência (inocorrência?) da palavra resulta em potencialidade gráfica infinita, um campo ilimitado para o desenho. Lucas compõe as capas a partir da tipologia fornecida por Waldomiro. Eu me visto de Waldomiro, diz ele. Ser meio para nenhum fim. As linhas caóticas da mão são capturadas e organizadas em um sistema que produz composições que o artista nunca criaria. Imagem é texto, como bem sabemos. Os livros, por diversos que sejam, constam de elementos iguais: o espaço, o ponto, a vírgula, as letras do alfabeto."

Leopardo Feline

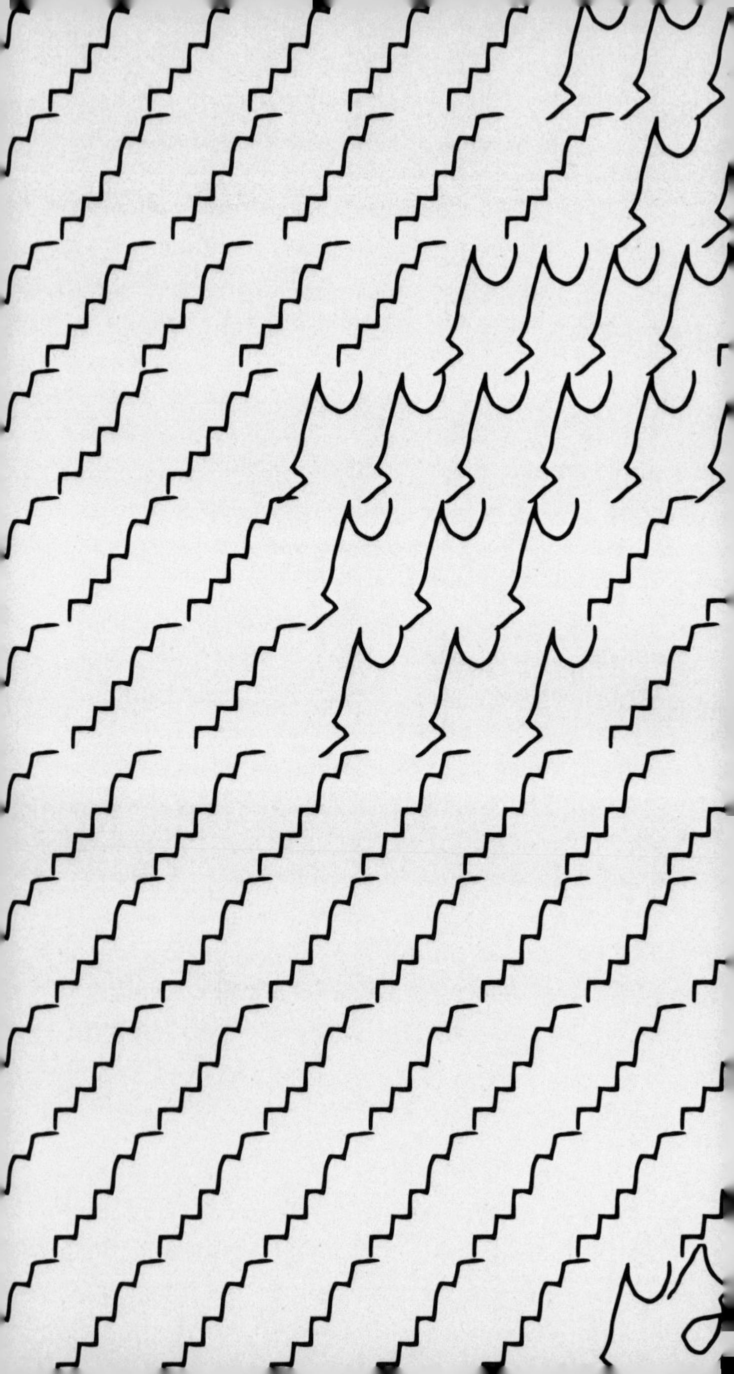

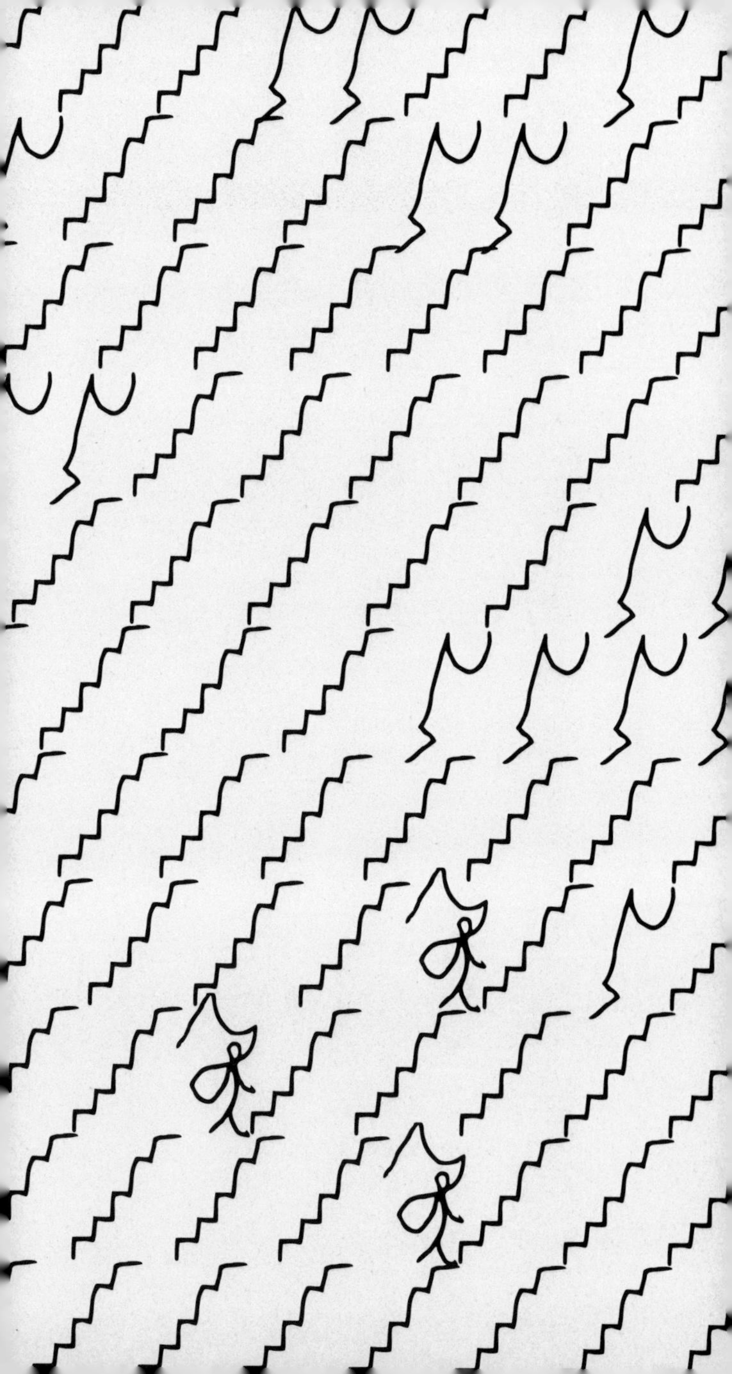

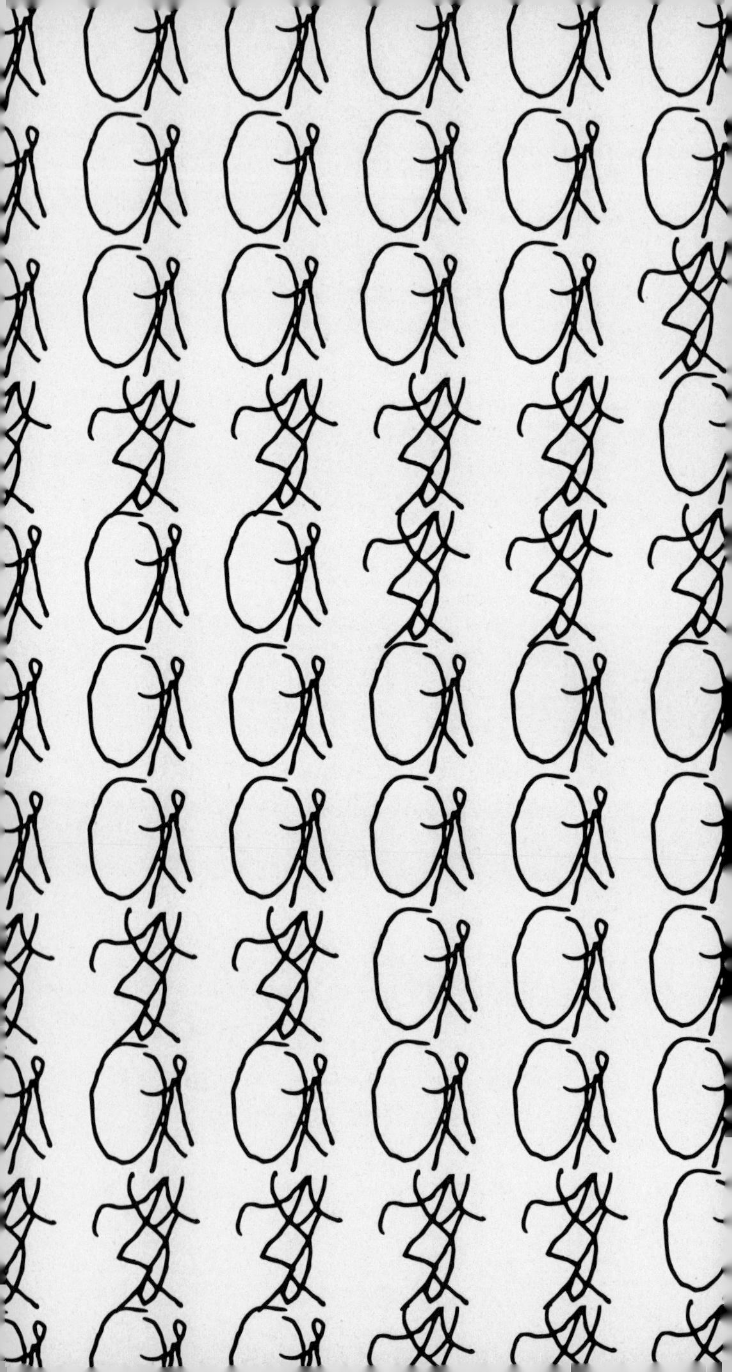

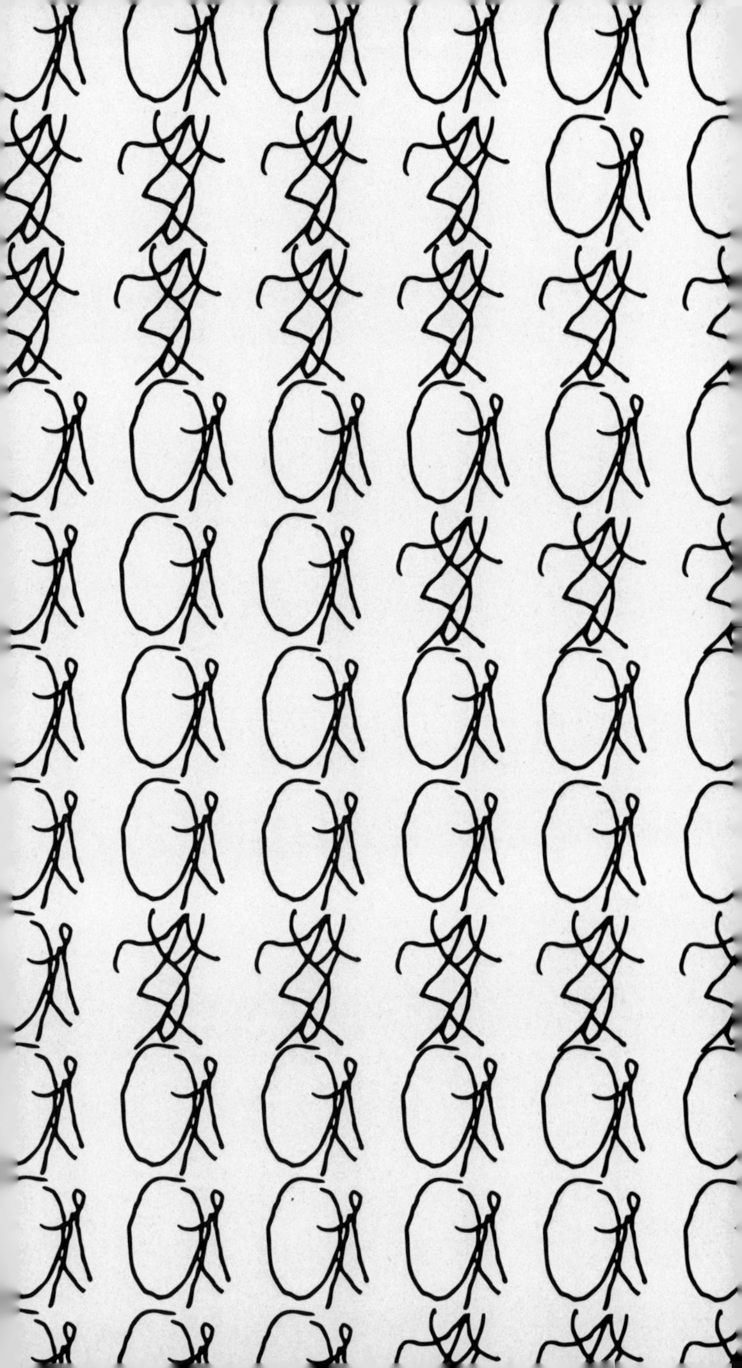

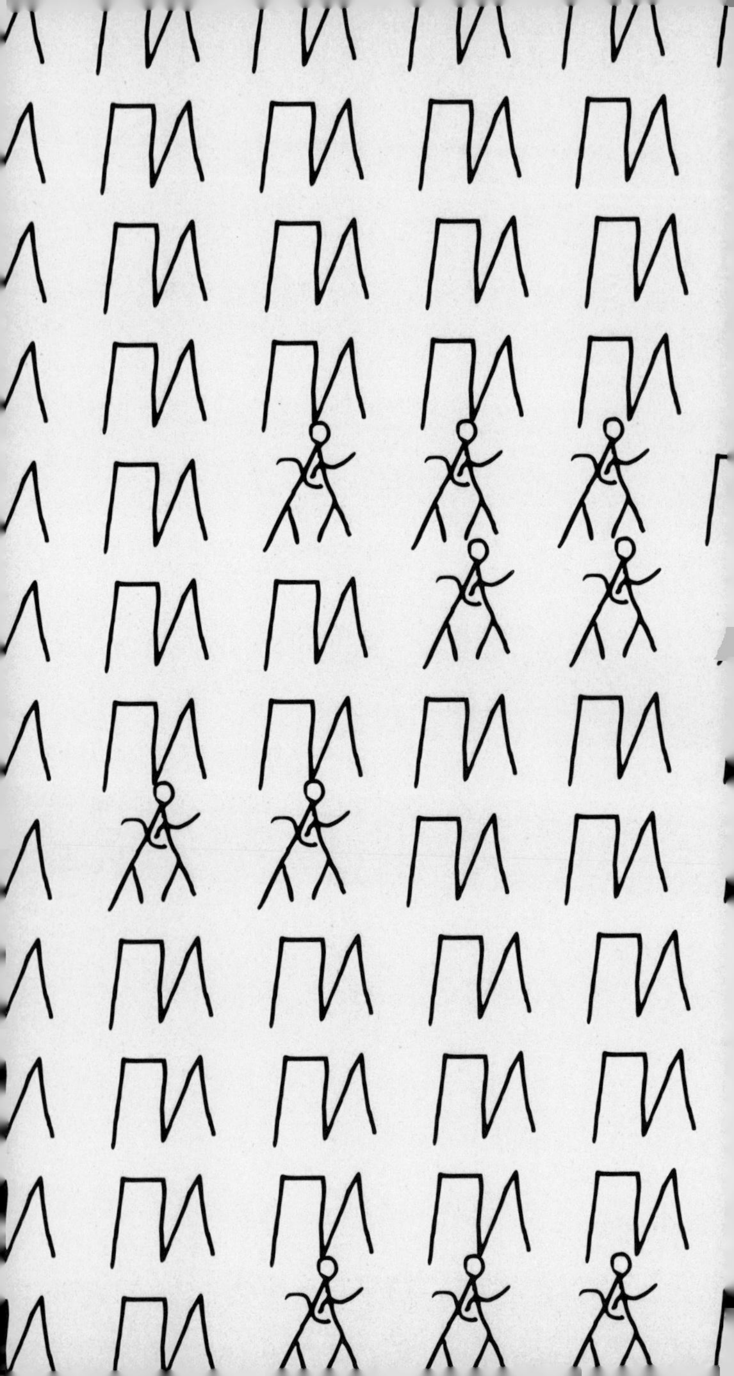

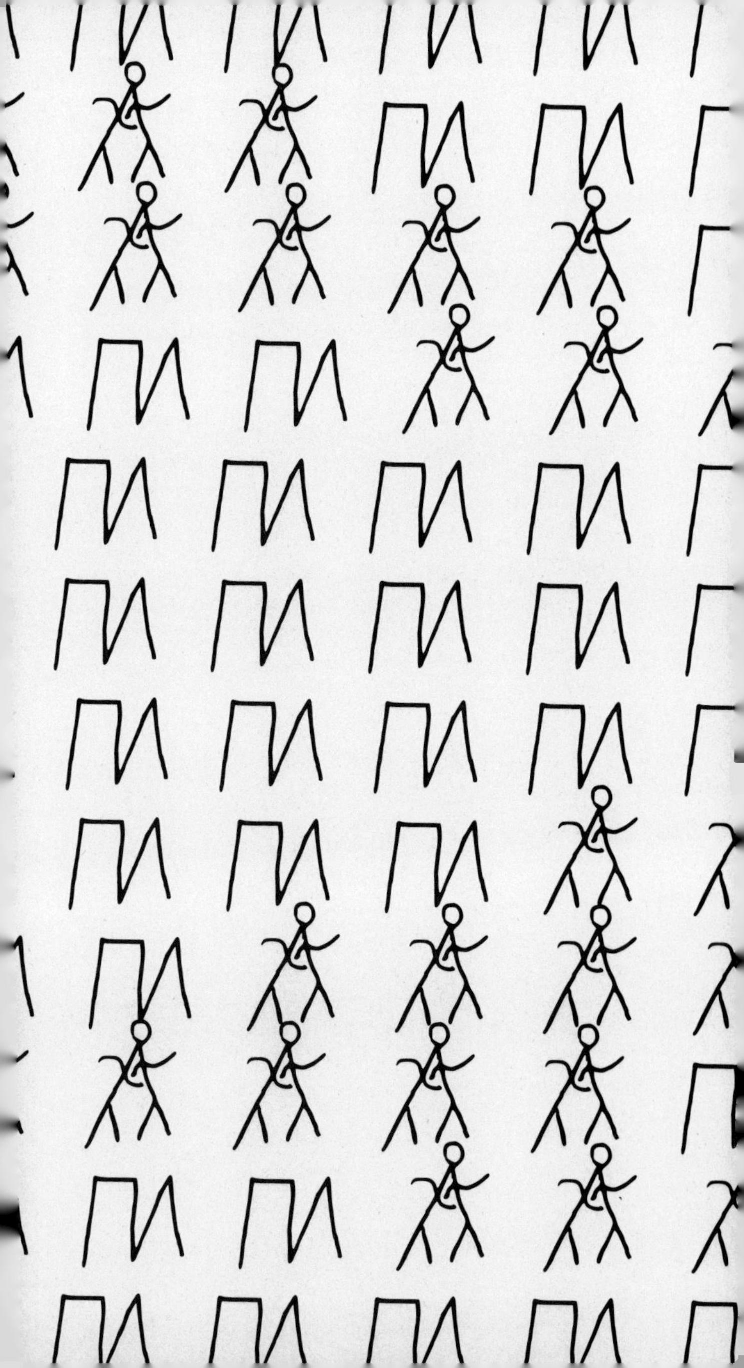

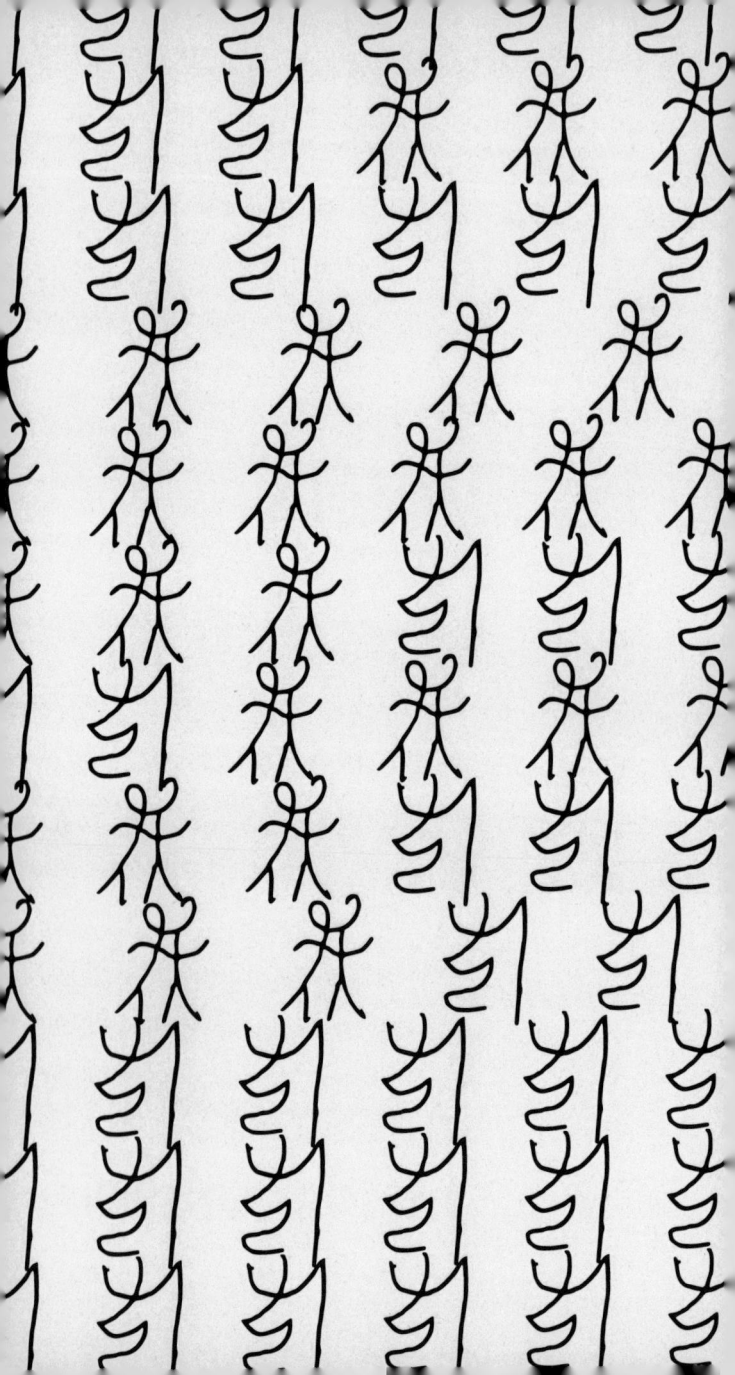

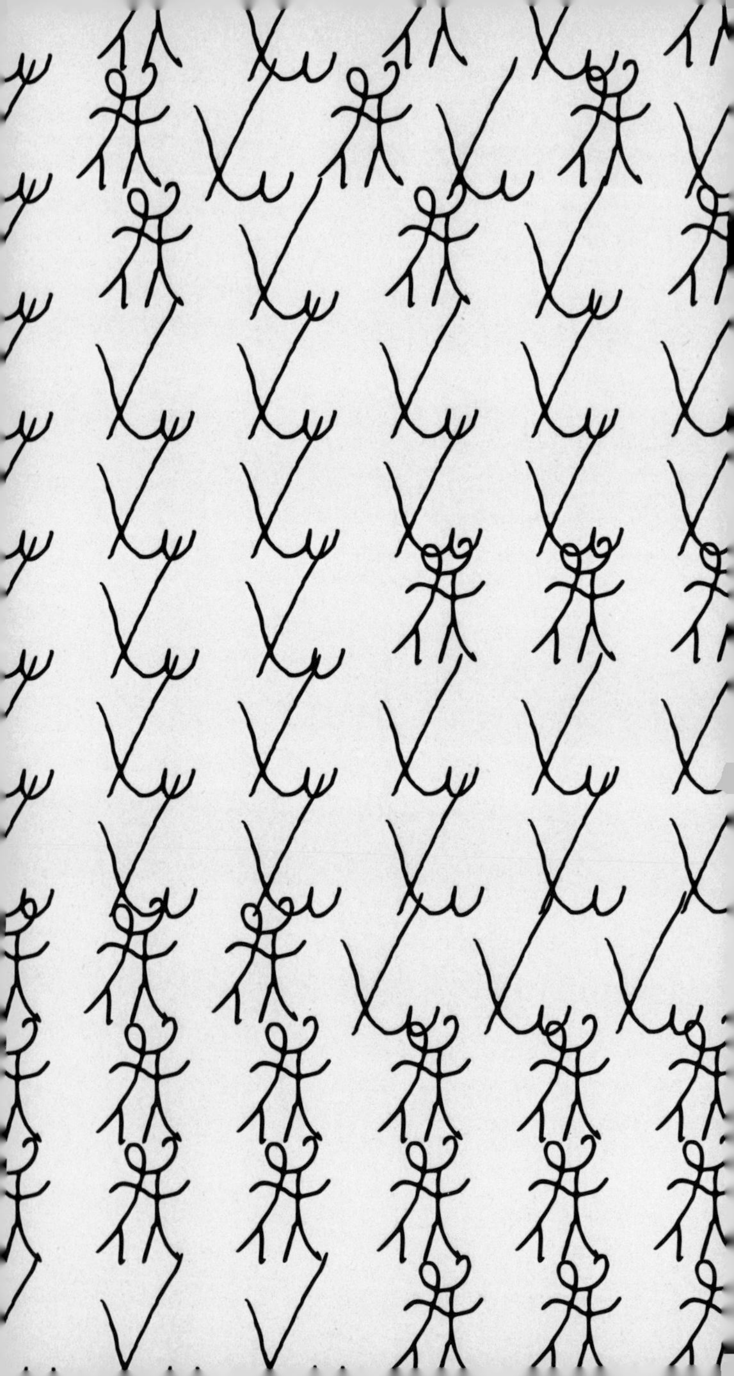

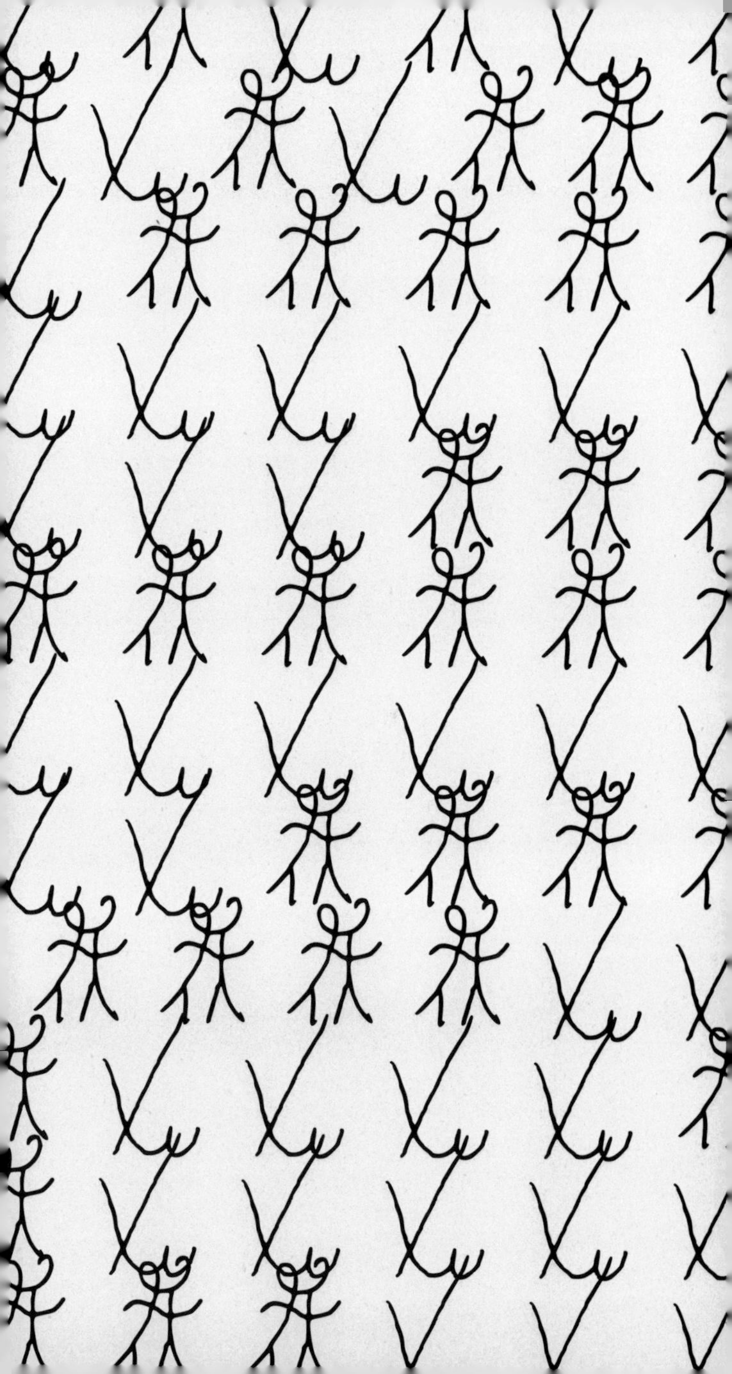

n-1 edições + hedra

Dados Internacionais de Catalogação na Publicação (CIP) de acordo com ISBD

R755a   Rolnik, Suely

   Antropofagia Zumbi / Suely Rolnik. - São Paulo : n-1 edições ; Hedra, 2021.
   112 p. ; 11cm x 18cm. – (Coleção Lampejos)

   Inclui índice.
   ISBN: 978-65-86941-63-0

   1. Filosofia. 2. Ensaio. 3. Antropofagia. 4. Subjetividade. 5. Reatividade. I. Título. II. Série.

2021-3704

CDD 100
CDU 1

Elaborado por Vagner Rodolfo da Silva - CRB-8/9410

Índice para catálogo sistemático:
1. Filosofia 100
2. Filosofia 1